사람을 다루는 기술

도서출판 **성영사**

1판 1쇄 발행 / 2006년 07월 30일
2판 1쇄 발행 / 2014년 05월 30일
2판 2쇄 발행 / 2019년 01월 30일

지은이 / 미래경제연구회

편집 기획 / 김범석
편집 디자인 / 조소영 · 김용원
표지 디자인 / 김뉴경
마케팅 / 박재범

펴낸이 / 김영길
펴낸곳 / 도서출판 선영사
주 소 / 서울시 마포구 서교동 485-14 선영사
전 화 / (02)338—8231~2 FAX / (02)338—8233
E—mail / sunyoungsa@hanmail.net

출판등록 / 1983년 6월 29일 (제02—01—51호)

ISBN 978—89—7558—378—0   03320

·잘못된 책은 바꾸어 드립니다.

LEADERSHIP

사람을 다루는 기술

미래경제연구회 지음

도서
출판 선영사

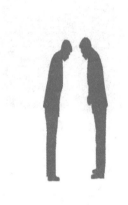

머리말

　사람으로 태어나서 누구나 어떻게 살아가는 것이 행복하고 보람있는 인생을 살 수 있는가에 대하여 한 번쯤은 생각하게 된다.

　'우리는 어디서 왔으며 어디로 가는 인생인가? 나는 무엇을 위하여 살아가고 있으며, 살고 있는 목표와 현재의 좌표는 어디쯤에 있고(생존경쟁 속에서 밀리거나 뒤처지지 않으려고), 내가 나가야 할 방향은 어디인가? 에 대하여 수없이 반문하고 수없이 점검하면서 살아간다.

　남이 대신 살아줄 수 없는 나의 인생은 내 스스로 선택하고 살아가는 것이지만, 나 혼자 살아가는 것이 아닌, 사람과 사람의 관계 속에서 내가 해야 할 일을 배우고 찾아서 살아가야 한다.

　철학자 안병욱 선생은 '인생론'에 대해 말하길, 인간은 역할적 존재로서 살아가는 동안에 할당받은 일을 해야 한다면서 "직업은 자기의 생계를 유지하기 위한 경제적 행동일 뿐만 아니라, 사회의 존립과 발전을 위하여 자기에게 맡겨진 역할을 수행하는 것"이라고 했다.

　또한 하루 중 직장에서 보내는 시간이 가장 길고 제일 보람이 있는

데, 일하는 시간은 살아 있는 시간이요 생산적 시간으로, 열심히 일하는 활동을 통하여 자기의 재능을 발휘하고 개성을 표현하고 가치를 창조하여 사회에 공헌하는 것이 가장 보람있는 일이라고 강조하였다.

지금 세계는 엄청난 속도로 변화하고 있다. 새로운 지식과 정보가 지구 반대편에 있는 나라 사람들까지 마음대로 이용하고 있을 정도인데, 직장이나 가정에서 사람과의 관계마저 원활하지 못하다면 싸움에서 지는 꼴이 될 수밖에 없는 것이다.

빅토르 위고는, 인간에게는 세 가지 중요한 싸움이 있다고 했다. "첫째로 자연과 인간과의 싸움이고, 둘째는 인간과 인간과의 싸움, 셋째는 자기 자신과의 싸움이다. 인간이기 때문에 내가 나 자신하고 싸우는 싸움이 가장 중요한 관심사"라고 표현하고 있다.

우리 마음속에 있는 양심과 욕심과의 싸움, 본능과 이성과의 싸움, 영과 육의 갈등, 참된 자기와 거짓 자기와의 충돌은 승려나 목사·도인·수도자들만이 겪는 싸움이 아니라, 인간이기 때문에 이 싸움을 피할 수가 없다는 것이다.

우리가 죽는 날까지 날마다 일생 동안 싸워야 하는 싸움, 어제는 이
겼지만 오늘은 질 수도 있고, 오늘은 졌지만 내일은 이길 수도 있는 싸
움 속에서, 나 자신부터 다스림이 무엇보다도 중요하다. 그리고 나서
상대와의 인간 관계를 어떻게 다스려 갈 것인가는 영원한 과제요, 삶의
목표라 할 수 있을 것이다.

인간은 관계 속에서 살아간다. 너와 내가 만나면 하나의 관계가 생기
고, 관계가 생기면 서로 지켜야 할 원리 원칙과 행동 규범이 생긴다. 각
기 다른 두 존재가 서로 만나, 얽히고 결합하고 연관을 맺기 때문에, 여
러 가지의 관계적 규범 속에 생활해 가야 한다.

사람은 맨 먼저 가정에서 유아기와 유년기를 보낸 뒤 학교를 다니면
서 배우고, 졸업 후 직장에서 일을 통하여 사람들과 유기적으로 일하며
성취의 보람과 즐거움을 느끼는 반복된 생활을 한다. 그러는 사이에 알
듯 모를 듯한 처세 방법을 얼핏 느끼게 되다가, 또다시 일의 물결 속에

떠밀려가고 나면 잊히고 만다.

이 책에서는 조직의 일원으로 뛰어들어 겪어 오며 체험한 많은 정보가 들어 있으며, 관리자로서 또는 팀원을 리드하는 팀장의 입장에서 또한 최고경영자(CEO)를 보좌하거나 대리자로서의 역할을 했던 수많은 성공자의 얘기들이 실려 있으므로, 지금 우리가 참고해야 할 지혜를 배울 수가 있다.

그것은 결코 창조된 것이 아니라, 그들의 경험으로 체득한 몸짓이며 표정이고 진실된 소리이기 때문이다. 아무리 정보화 사회의 첨단과학 시대라 해도 인간관계에서 밑바탕이 되는 사람 다스리는 기술은 내가 갖추고 있어야 할 내 육신의 일부와도 같은 것이기 때문에, 세월이 아무리 변한다 해도 우리에게 정신적 양식으로써 존재하는 성경이요, 불경과 같다.

우리는 누구나 행복하게 살기 위한 삶을 추구하며, 성공하고 싶어한다. 성공하기 위한 삶의 목표를 어떻게 구상하고 노력해 왔는가, 인간과 인간과의 싸움에서 그들은 어떤 처세로 역경을 딛고, 또 얼마나 고된 훈련과 인내로 자기와의 싸움에서 승리할 수 있었는가를 보고, 그 속에서 내가 이용할 수 있는 지혜를 얻을 수만 있다면 이 책의 목표는 달성한 것이다.

사회 각 분야에서 정상을 향하여 도전하고 있는 모든 사람에게 용기를 심어주고, 보람된 생활을 유지함으로써 가정과 직장에서 우리 주변의 모든 사람이 밝은 모습으로 열심히 살아가는 행복한 모습이야말로 우리가 진정으로 바라는 참된 생활이라 아닐까. 그렇다면 우리 주변에서도 쉽게 성공한 사람을 찾을 수 있을 것이다.

2006년 7월
미래경제연구회

Contents

Step 1

성공하고 싶은
사람들을 위하여

01 성공이란 무엇인가?

"성공한 사람에게는 무엇인가 특별한 것이 있다. 당신은 성공한 사람에게서 그 특별한 것을 찾아내어 내 것으로 만들어 그대로 따라하고 싶을 것이다. 그것도 되도록 빨리 앞서가고 싶은 마음으로 서두르게 된다. 그렇다면 내가 가지고 있는 주관적인 생각을 비우고 완전한 제3자의 입장에서 텅 빈 그릇에 주워담는다는 마음을 가지고 꾸준히 노력해야 한다."

"성공이란 당신이 바라는 것을 잡는 것이다. 국회의원을 바라는 사람도 있고, 거액의 돈을 모아서 여생을 안락하게 보내는 것을 희망하는 사람도 있을 것이고, 또는 실직한 사람이 직업을 구하고자 하거나, 아기를 많이 낳고 싶어하거나, 세계적으로 이름난 예술가 혹은 운동선수가 되어 보겠다든가 하는, 아무튼 자기가 구하는 것을 얻게 되는 것, 자기 것으로 잡는 것, 바로 이것이 성공이다."

이 말은 자유기고자로서 세계적으로 이름을 날리고 있는 베드퍼셔가 한 말이다.

성공에 대해 말할 때, 물론 당신이 번 돈의 액수만 가지고서는 당신의 성공을 저울질할 수 없다. 대부호에 비하면 당신이 벌었다는 돈의 액수로서 참으로 보잘것없을 수도 있지만, 어쩌면 다른 면에서 당신은 그 대부호보다도 훨씬 성공하고 있는 것인지도 모른다.

만약에 오직 돈을 모은다는 것을 하나의 목적으로 하고, 이 목적을 위하여 어떠한 희생이나 수단 방법도 두려워하지 않는다면 당신은 거부가 될 것이다.

이런 목적을 추구하여 인생의 한창 좋은 시절을 거기에 모두 쏟아붓고, 친구와 건강을 희생하는 사람들도 이 세상에는 적지 않다. 돈만을 알고 그 외의 것은 아무것도 돌보지 않는다는 것은 결국은 매우 불행한 사람이 되기 십상이지만, 돈을 번다는 목적은 어쨌든 이루어진다.

당신이 행복을 원한다면 최후의 목표를 선택하는 것이 중요하다. 당신의 목표는 당신의 야심을 재는 자이며, 또한 당신의 일이 얼마만큼 이 사회를 위하여, 인류를 위하여 보람있는 것인가를 결정한다. 훌륭한 일을 하면 당신이 필요한 돈은 충분히 따라올 것이고, 돈 이상으로 여러 가지 귀한 것도 자연히 얻어질 것이다.

목적으로서 가치 있는 목적을 선택하고, 결과에 대해서는 마음을 쓰지 말며, 그것을 달성하는 데 필요한 대가를 치르도록 부단히 노력하여야 한다. 그러면 겨울이 가고 봄이 오듯, 결과는 스스로 보답을 받게 될 것이다.

인생에 있어서 실패자란 자기가 하고 싶었던 일을 하지 못한 사람이다. 자기가 하고 싶은 일을 향하여 전력을 기울일 때 비로소 마음의 평화도, 정신의 만족도 얻어지는 것이다. 당신이 붙잡은 일이 중요한 일이면 당신 힘에 벅찬 것으로 생각될 것이며, 또한 일의 전망에 대해서 불안도 느낄 것이다.

그러나 그것에 주저해서는 안 된다. 무엇보다도 낙심은 금물이다. 물론 약간의 두려움은 어쩔 수 없는 것이지만, 단념해 버리면 안 된다. 먼저 내가 할 수 있는 단계의 일부터 차근차근 시작하여 일을 계속하면서 나머지 곤란한 부분도 해낼 수 있는 힘이 저절로 키워진다.

이렇게 온몸을 내던져 부딪쳐 나가는 데는 물론 용기와 담력이 필요하다. 물론 얼마 동안은 마음이 내키지 않는 불안한 마음도 느낄 것이다. 그러나 전진함에 따라 마음은 가라앉을 것이다. 일단 당신의 불요불굴不撓不屈의 정신이 나타나고, 당신의 열성과 노력이 인정되면, 그에 따라 원조의 손길도 다가올 수가 있다. 다시 말해서 예기치 않았던 곳에서 도우려는 손길이 찾아드는 것이다.

이렇게 되면 당신의 인생은 이미 두려움이 사라지게 된다. 바로 이 단계까지가 당신이 해야 할 과제 중에서 가장 높고 가장 힘든 일이 될 것이며, 비로소 성공의 문이 보이는 시점이기도 하다.

H. G. 웰스는 이렇게 말한다.

"재산·명성·지위·권세 같은 것은 결코 성공을 저울질할 수 있는 척도가 못 된다. 성공을 재볼 수 있는 오직 유일한 척도는 우리들이 이미 획득한 경지 및 성과와, 앞으로 실현되기를 바라는 경지와, 하고자 소망하는 일들 사이의 거리인 것이다."

실제를 방불케 하는 조류 그림으로 유명한 미국의 렉스 브라샤는 자신의 경험담을 이렇게 말한다.

"처음엔 20년쯤이면 해낼 수 있을 거라고 믿었던 것이 일의 준비만으로 벌써 16년을 소비해 버렸죠. 그러나 흘러간 16년에 미련을 두지 않고 일을 했으며, 일을 착수한 지 34년 9개월 만에 완성했다는 느낌이 들었습니다."

미국의 카네기재단에서 5년간 연구한 결과는 성공의 비결에 대해 단적으로 말해주고 있다.

"직장을 얻고 그 직장에서 승진되는 이유의 85퍼센트는 사람을 다루는 기술과 지식에 달려 있다."

02 성공을 위한 인생의 주춧돌

"인생은 고해苦海라고 말한다. 당신은 아마도 이 말에 공감할 것이다. 그만큼 인생의 쓰고 단맛을 경험하였기 때문이다. 인생이란 결코 기쁨만 있을 수 없고, 희로애락애오욕喜怒哀樂愛惡慾이라는 감정 기복이 번갈아 닥쳐오는 피할 수 없는 시험대인 것이다. 당신이 한 회사의 경영자로서 또는 관리자로서, 리더로서 살아가기 위해서는 인생의 근본 원칙을 이해하고 받아들여야만 한다. 좌절과 근심, 걱정만 해서도 안 되지만, 즐거운 쾌락만을 위해 다른 부문을 간과한다면 인생의 망망대해茫茫大海에서 길을 잃게 될 것이다."

당신이 관리자라면 성공적인 인생을 구축하는 다음 네 가지 주춧돌을 반드시 기억하고 지켜야 한다.

첫째, 성장하는 머리

무엇이든 하루하루 지식을 얻을 것.

머리의 성장을 멈추면 안 된다. 보다 나은 일을 얻고자 하면 능력과 숙련을 진보시켜라. 당신이 바라는 자리가 비었을 때, 어느 때나 그곳에 가서 앉을 준비가 되어 있어야 한다.

둘째, 세련된 입

가시나 독을 품지 않는 입.

칼로 찔러서 생긴 상처와 독에 쏘인 상처 중에서 어떤 것이 더 낫기 어려운가? 칼로 찔린 상처는 반 년쯤 걸려서 나을 수도 있지만, 독으로 받은 상처는 일생을 두고 아물지 않을 때가 있다.

때로 우리는 사랑하는 사람에게도 그와 같은 독설을 내뱉어 그로 하여금 하루 종일 슬픔에 싸이게 하는 일이 있다. 이런 것은 반드시 후에 대가를 치르게 된다. 독설을 퍼붓고 화를 잘 내는 사람, 고집 부리고 투덜대는 사람은 좋은 협력자나 친구를 얻을 수 없다.

셋째, 세계와 같이 고동치는 심장

함께 하는 삶.

자기 혼자만 고동치는 사람은 똑같이 혼자서만 고동치는 심장과 만나면 그곳에 충돌이 생긴다. 즉 "저 사람은 저 혼자만 지껄이고 이쪽 말은 못하게 하니 저 사람과는 말하기 싫다"는 반응이 생기고 만다. 상대를 꾸짖기보다 칭찬을 많이 할수록 당신은 좋은 보상을 더 많이 받게 될 것이다.

넷째, 힘있는 손

남을 돕는 손.

빼앗으려고 내미는 손과 주려고 내미는 손, 어느 쪽이 더 커다란 행복을 가져다줄 것인가? 타인에게 행복을 주었을 때는 나의 행복도 커진다. 주면 줄수록 줄 수 있는 것이 더 많아진다.

뺏으려고 생각하는 것보다 보태어 주는 것에 마음을 써라. 그러면 당신의 인생은 더욱 만족한 것으로 가득하여질 것이다.

미국의 유명한 건축사 프랭크 길버스의 일화다.

어느 날, 보스턴으로 가는 기차에서 신발업계의 일인자 윌리엄 마크웬과 자리를 함께 하게 되었다. 그의 재주 있는 솜씨의 비결을 마크웬이 물었다.

"당신의 그 감독 방식은 대단히 흥미 있는 것인데, 사본이 있으면 한 장만 얻고 싶소."

그러자 길버스가 대답했다.

"저는 방식을 문서로 만들어 본 적이 없습니다. 아주 간단하니까요. 그리고 언제나 더 나은 방식을 찾고 있으니까, 어떤 방식이 발견되면 서슴지 않고 그것으로 다시 적용합니다. 이것이 저의 방침이지요."

"프랭크 씨, 그것은 좋지 못한데요. 당신도 보통 사람과 마찬가지로 어떤 때는 잘 되고, 어떤 때는 잘 안 될 때가 있을 것이 아닙니까. 그러므로 이러한 여러 경우를 기록해 놓지 않으면 종국에는 스스로 혼란해질 것이오."

이 말을 듣고 길버스는 보스턴에 돌아와서 곧 자기의 방식을 문서로 만들고 자기를 위시하여 기사들과 현장 감독들, 그리고 직공들에 이르기까지 한눈에 모든 방식을 들여다볼 수 있고, 결점이 있으면 곧 알아내어 고칠 수 있도록 만들어 놓았다. 이리하여 그 방식은 점차로 편성이 새로워지고 수정되어서 드디어 건축계의 보전이라고 불리는 '현장 감독 방식'이 탄생되었던 것이다.

당신이 가진 가장 큰 장점 중의 하나는, 당신 스스로 생각하고 행동하며 느끼는 방법을 선택할 수 있다는 것이다. 당신이 해야 할 일이 무엇인가를 충분히 검토하고 또 검토하였다면 이제 실행에 옮기기만 하면 된다.

그 첫째로 가장 손쉬운 다음 방법을 실행해 보라.

당신이 현재 하고 있는 일, 또는 장차 종사하고자 하는 일에 관해서 당신의 계획안을 종이에 써놓아라. 종이에 쓴 계획안은 어느 때고 당신의 행동을 올바로 규정짓는다.

03 천재의 **열정과 집중을** 배워라

"흔히 천재는 보통 사람들과 거리가 먼, 약간 이상하고 독특한
사람으로 생각되기 마련이다. 그러나 그들도 평범한 부모 밑에
서 똑같이 태어났다. 그리고 그 가운데에는 보통 이하의 능력으
로 사회에 적응하지 못한 인물들도 있다.
그들의 삶에 관심을 갖고, 그들의 특징을 연구한 바에 따르면,
의외로 보통 사람들에 비해 꾸준한 노력을 했다는 사실을 알게
된다. 복잡한 주변상황 속에서도 오로지 한 가지 목표를 위해 불
타는 열정과 집중의 결과가 바로 천재성의 비밀이었다는 사실에
유의하라."

미국 뉴저지의 멘로 파크에 있는 토머스 에디슨의 연구실을 가보면
그가 원통형 축음기 발명에 몰두하고 있을 당시에 사용하던 침대를 볼
수 있다.

이 침대야말로 에디슨의 성격과 일하는 태도를 보여주는 상징이 되
고 있다. 에디슨은 밤낮을 가리지 않고 연구를 하다가 못 견디게 피곤
해지면 이 침대에 드러누워 잠시 눈을 붙여 피로를 풀고서는 또 일에
매달렸다는 것이다.

이것은 보통 사람의 일하는 태도가 아니다. 보통 사람은 피곤해지면
일을 일단 멈추고 집에 돌아가서 충분한 수면을 취한다.

에디슨은 그 정도로 강력하게 전심전력으로 자기의 일에 몰두하였던 것이다. 보통 사람으로서는 거의 불가능한 이런 노력이 있었으므로 해서 보통 사람으로서는 이루기 힘든 일을 이루어낸 것이다.

사람들은 흔히 그와 같은 천재를 두고 '광적인 사람'이라고 말한다. 그러나 천재는 우선 그 성장하는 과정에서부터 비범한 정신 집중력을 갖게 된다.

그 비범한 집중력과 일의 목적에 대한 열성에 의해서 천재는 하루가 됐든, 1년이 됐든, 아니면 10년이 됐든 단 한 번의 곁눈질함도 없이 오직 한 가지의 목적에 열중하는 것이다. 즉, 신들린 사람의 상태까지 이르는 것이다. 이것은 보통 사람의 눈에는 어딘가 미친 것처럼도 보이지만, 실상은 매우 건전한 정신작용인 것이다.

간혹 위인에 대한 신비한 이야기를 부정하려 하는 우상 파괴자들이 있다. 예를 들면 뉴턴이 사과가 떨어지는 것을 보고 영감을 얻었다는 이야기 같은 것을 부정하려는 사람이 있다는 말이다. 이 뉴턴의 이야기는 역사적으로는 하나의 신비적인 전설로서 받아들여질지 몰라도, 그러나 심리학적인 근거에서 볼 때는 명백한 진실로 인정할 수밖에 없을 것이다.

즉, 이 전설은 하나의 커다란 정신작용을 말하고 있는 것이다. 어떠한 암시를 지닌 일들이 1년 내내 일어나고 있지만, 어떤 투철한 목적의식을 가지고 지적인 준비를 한 사람이 아니면 그 암시를 해독할 수가 없기 때문이다.

몸과 마음이 하나의 목적을 향하여 집중하고 훈련되어 있으면 때로는 신비한 영감을 경험하게 된다. 이것은 누구에게나 있는 일이다. 이러한 영감이 천재에게도 나타나는 것이며, 그것이 놀라운 결과를 남기기 때문에 영감이라는 표현이 적합해지는 것이다.

천재는 이와 같은 열정과 집중력 외에도 뚜렷한 하나의 신념을 가지고 있다. 즉, 자기의 사명과 능력에 대한 신념은 천재를 특징짓는 가장 큰 요점이다. 천재라고 해서 두뇌가 보통 사람과는 별 다른 작용을 하는 괴물 같은 존재는 결코 아니다. 예컨대 마술사가 모자 속에서 비둘기나 토끼를 튀어나오게 하는 식으로, 대기업이나 대발명·대예술품·대사상·대전술·대정책을 홀연히 어느 날 갑자기 끄집어낼 수 있는 것은 아니다.

그러나 천재의 공통적인 특징으로서 보통 사람에게는 찾아보기 힘든 것이 있는데, 그것이야말로 천재로 하여금 진정한 천재로서의 구실을 하게 하는 것이라고 할 수 있다. 즉, 천재들은 자기 스스로 뜻있는 목표를 붙잡는다는 것이다.

그리고 목표에 도달하기 위하여 배우며 노력한다. 쉬지 않고 부지런히 실패와 승리의 고투를 거듭하며 꾸준히 나아가, 자기 내부에 있는 힘을 단련시킨다. 건강할 때나 그렇지 못할 때나, 또는 슬플 때나 기쁠 때나 그들은 과감히 요약해서 일을 맞아들인다.

이와 같이 자기의 꿈을 현실로 만드는 일은 자기 자신의 내부에 있는 것이며, 이것을 단련함으로써 그 힘을 반드시 자기 것으로 할 수 있는 신념을 잃지 않는 것이다.

당신은 천재의 뛰어난 재능을 바랄 수는 없다 해도, 당신의 환경과 능력의 범위 내에서 천재들이 사용한 방법을 활용할 수는 있다. 남보다 앞서 있어야 하는 관리자로서 천재의 방법을 쓴다면 다른 사람보다 앞서 있을 것은 당연한 일이다.

　빌 게이츠는 학창시절에 한번 컴퓨터 앞에 앉으면 시간 가는 줄 모르고 빠져들었다고 한다. 이처럼 천재라고 일컬어지는 사람들에겐 다른 사람들보다 뛰어난 집중력이 있다고 한다.

　"노력하는 바보가 천재를 능가한다."

라는 말이 있다. 이 말 역시 노력의 중요성을 강조한 말인데, 당신이 천재가 아니라면, 천재와 같은 노력으로 천재를 따라잡을 수 있다는 말이다.

04 잘 들어주는 사람이 되라

"남에게 미움을 사고 배척당하는 사람이 되고 싶거든 다음 사항을 지켜라. 첫째 상대방 이야기를 끝까지 듣지 말 것, 둘째 계속해서 자기 이야기만 할 것, 셋째 상대방 이야기를 끊고 끼어들 것.
우리 주변에는 의외로 이런 조항을 지키는 사람이 대단히 많다. 자기 자신에 도취하여 자기 말만 위대하다고 생각하는 것은 매우 위험한 생각이다."

"입은 하나인데 귀가 둘인 것은 무슨 까닭이냐?"

이것은 위리 고리어의 연극에 나오는 명문구이다. 말하기는 쉬워도 듣는 것은 어렵다는 뜻이다. 말하는 데만 열심히 할 것이 아니라, 듣는 것도 열심히 들어야 한다는 말이다.

영국의 논설가 W. F. 조지는 다음과 같은 흥미 있는 말을 하고 있다.

"이야기를 잘 하는 사람은 존경을 받지만, 잘 듣는 사람은 더욱 존경을 받는다. 나는 다른 사람들과 마찬가지로 자의식이 강하기 때문에 남의 얘기를 듣는 것이 서툴다. 그래서 상대편의 말이 듣고 싶으면 내 입을 놀리는 것을 속도를 반감하기로 하고 있다."

이것은 매우 현명한 방법이다. 말하는 속도가 절반이 되면 상대편이 말할 기회를 그만큼 더 주게 된다. 그리고 상대가 떠들고 있는 동안에 자기는 생각할 수 있는 틈을 갖게 되는 것이다.

그러나 남을 말하게 하고 자기는 듣는 입장이 된다는 것은 재치있는 화술임에는 틀림없으나, 실지로 닥쳐보면 그것의 실행은 곤란한 경우가 많고 또한 위험한 경우도 있다.

상대편에서 자기를 지껄이도록 만들고 있음을 알아차리면 그쪽도 똑같은 태도로 나올지도 모르고, 사람에 따라서는 그러한 태도에 반감을 가질지도 모른다. 또한 건방진 태도라고 당신을 경멸할지도 모른다.

상대편을 지껄이게 하여 흥이 나게 만들어 놓은 다음, 계약서에 도장이나 찍게 하려는 따위는 풋내기 외판원이나 하는 짓이고, 더욱이 조금이라도 머리를 쓰는 상대방이라면 그 수단에 넘어가지 않으려고 오히려 경계하게 된다.

거래상이나 사교상으로나 이런 책략을 쓰는 것은 위험한 짓이다. 상대는 결코 호감을 갖지 않으며, 오히려 뒤에 쓴맛을 남기게 한다. 그러므로 이런 일은 절대 피해야 한다.

상대를 진실로 설복시키려면 책략을 부리지 말고, 솔직하게 자기의 생각을 털어놓아야 한다. 자기를 자기 이상으로 팔려고 하면 실패하는 것은 뻔한 노릇이다. 자기의 생각을 말할 때에는 어디까지나 공손하고 정중하여야 하며, 또한 상대가 흥미를 갖도록 하는 것이 중요하다.

그러기 위해서는 독서나 견문으로 얻은 풍부한 화제를 가지고 있어야 하고, 그때그때의 지식을 가지고 있으면 더욱 요긴하게 활용할 수 있다.

상대방의 의견과 자기의 생각이 어긋날 때는 조용히 자기의 견해를 말할 수 있게 되면 더욱 좋다. 경우에 따라서는 상대방이 말하고 있는 도중에 이쪽 말을 끄집어내는 것도 무방하다. 적당할 때에 적당한 질문 이나 의견을 말하면 상대방은 자신의 말을 잘 듣고 있었음을 알고 호감을 느끼며, 이야기에 더욱 재미를 붙여올 것이다.

그렇지만 결코 계략적으로 꾸며서는 안 된다. 당신의 입에서 자연스 럽게 나오는 질문이 아니면 상대방은 금방 당신의 소홀함을 알아차린 다. 상대방을 어리석게 대하면 결코 좋은 친구를 얻을 수 없다.

제아무리 교묘한 기교를 부린다 해도 책략적인 기교는 상대방에게 불쾌한 반감만 일으켜서 실패하는 수가 많다. 이러한 기교에서 기대할 수 있는 효과라는 것은 성실성 있는 소박함으로 얻을 수 있는 효과에 결코 미치지 못한다.

이 세상에서 참으로 훌륭하다는 사람치고 타인의 의견이나 생각을 듣는 것을 좋아하지 않은 사람은 한 사람도 없다. 자기의 의견을 내밀 기만 하고, 남의 의견은 받아들이지 못하는 따위의 절름발이 관계로는 통하지 않는다.

들어둘 만한 참신하고 진솔한 의견이라면 말을 잘하고 못하고간에 상대방은 열심히 귀를 기울여라. 그러면 당신이 한 주먹만큼을 내놓으 면 상대방은 그에 몇 배 되는 보답을 할 것이다.

이것이 성공자로서 또한 당신이 갖추어야 할 중요한 자세이다. 상대 방이 어떤 부류의 어떤 사람이건 간에 상대방의 말을 정중하고 조심스 럽게 잘 들어준다는 것은 당신이 수년 동안 노력해서 얻을 수 있는 효 과보다 더 크다는 사실을 명심하라.

05 인생의 지표

"우리 생활은 여러 가지 모험에 가득 차 있다. 그 생활은 물론 풍성한 것이어야 한다. 이러한 생활이야말로 특수한 지식을 가지고 자의적으로 행복해질 수 있는 특권을 부여받고 있다.

그러나 너무도 많은 사람들이 자신의 행복을 포기하고, 또 행복과는 거리가 멀다고 체념해 버리며, 매일의 생활에서 진정한 목적을 발견하지 못하고 있다."

성공한 사람으로서 또는 관리자로서의 당신의 자질을 테스트해 보고 싶다면, 다음 문제에 대한 해답을 내려보라.

〈도덕적 유형〉

1. 나는 어떠한 사람이고, 어떤 종교적 신념을 가지고 있는가?

2. 나는 인생의 명확한 목적을 가지고 있는가? 앞으로 2~3년 내지 10년간에 달성시킬 목표를 명백히 말할 수 있는가?

3. 친구나 동료, 윗사람에게 대하여 성실하고 솔직한가?

4. 나는 도덕적으로 결백한가?

5. 나의 목적을 이루기 위해 자기 수양에 노력하고 있는가?

6. 장래를 위한 지식을 쌓기 위해서 노력을 게을리하지는 않은가?

〈육체적 유형〉

1. 두뇌의 능률을 유지하기 위하여 신체 에너지의 사용을 절약하지 않으면 안 될 육체적 약점이 있는가?

2. 신장에 비해 체중이 보통인가, 어떤가?

3. 음식 섭취는 부족한가? 과식하고 있지는 않은가?

4. 매일 잠은 잘 자는가?

5. 운동은 충분히 하는가?

6. 몸과 마음에 나쁜 영향을 끼칠 나쁜 습관이 있지는 않은가?

〈정신적 유형〉

1. 나는 쉽사리 실망하거나 낙담하지 않는가?

2. 생활에서의 어려움으로 인해 극단적으로 낙관하거나 비관하지 않는가?

3. 실망·낙담했을 때에도 일을 평상시처럼 계속할 수 있는가?

4. 맡은 일에 모든 정력을 기울이고 있는가?

5. 어제 잘못되거나 그르친 일 때문에 오늘의 일에 방해가 되는 적이 있는가?

6. 신속하고 명확하게 결단을 내릴 수 있는가?

7. 확신 있는 해답을 내릴 수 있을 때까지 문제에 생각을 집중할 수 있는가?

8. 동료나 윗사람에 대하여 정직한가?

9. 여러 가지로 생각이 깊고 신중하며, 기지가 있고 친절한가?

10. 다른 의견이 있을 수 있는 경우에 다른 사람의 의견을 좇은 일이 있었는가?

11. 나는 일에 대하여 빈틈이 없고, 일하는 태도가 훌륭하다고 볼 수 있는가?

12. 수입의 몇 퍼센트를 저축하고 있는가?

13. 나의 교양과 지위 향상의 준비를 위해서 수입의 몇 퍼센트를 정해서 쓰고 있는가?

14. 기술과 집중력과 결단성 그리고 인내력, 깊은 생각, 믿음성 등에서 현재 내 지위에 가장 필요한 것은 무엇인가?

15. 나는 이러한 성능을 얼마나 지니고 있는가?

16. 현재의 일은 나의 일생의 목적에 대하여 얼마나 의의를 가지고 있는가?

17. 현재 일은 일생의 사업으로서 과연 희망이 있는가?

18. 만일 가능성이 없다면 일생을 걸고 사업으로써 따로 나에게 적합한 일이 있는가?

19. 나는 현재의 내 모습에 만족하고 있는가?

20. 나는 내 일생의 궁극적인 목적을 달성할 수 있을 만한 인물인가?

이상 세 유형의 질문에 대한 해답은 당신에게 귀중한 어떤 지침이 될 것이다. 즉, 당신이 자신의 인생에서 부딪치는 중요한 문제에 대해 당신 스스로 어떻게 처리해 나갈지 하는 방법을 알려주는 것이다.

일본의 유명한 소설 《대망》을 보면 사람 다루는 유형을 표현하는 좋은 예가 있다.

"울지 않는 새는 죽여야 한다"는 노부나가의 주장은, 그때까지 일본에 존재했던 중세 이후의 낡은 가치관을 타파하는 새로운 전략과 리더십의 발로였다.

그리고 "울지 않는 두견새는 울게 해야 한다"고 주장한 히데요시는 새로운 가치의 사회 건설을 자기 나름대로 표현한 말이다.

"울지 않는 두견새는 울 때까지 기다려야 한다"고 얘기한 도쿠가와는 위의 두 사람의 말을 완성시켜 그것을 오랫동안 유지하고 관리하겠다는 의지의 발로로 표출한 인물이라 할 수 있겠다.

여기서 말한 세 사람의 인간성과 성격도 위 표현에 잘 나타나 있다. 즉 노부나가는 성격이 급하고, 히데요시는 자신감에 넘치며, 도쿠가와는 인내심이 강하다고 말할 수 있다. 그러나 그것이 전부는 아니었다. 그들이 천하를 얻은 이유는 같은 시대를 살던 일본인들의 요구를 재빨리 파악하여 선견지명으로 전략을 세우고 실현했기 때문이다.

그들은 모두 주위와 아랫사람을 잘 다루었기 때문에 그 시대의 지배자가 될 수 있었던 것이다. 일본의 최고경영자들은 왜 도쿠가와를 선호하는가? 어느 잡지사에서 기업의 최고경영자들을 대상으로, 다음과 같은 설문 조사를 한 적이 있다.

① 자신을 전국 시대의 무장으로 비유하면 누구라고 생각하십니까?

② 후계자로는 어떤 타입의 무장을 선택하시겠습니까?

이 두 가지 질문에서 ①에 대한 답은 도쿠가와 이에야스가 가장 많았다고 한다. ②의 물음에는 오다 노부나가를 많이 꼽았다.

그런데 최고경영자 타입을 도요토미 히데요시까지 세 사람의 유형으로 나누었을 때, 선호하는 비율은 비슷했다는 것이다.

그 누구도 자신이 히데요시 타입이라고 비유한 사람이 없었고, 대부분의 최고경영자는 도쿠가와 타입을 바라고 있었으며, 후계자 중에 오히려 노부나가 또는 히데요시 타입이 많다는 사실은 매우 흥미로운 점이다.

하지만 왜 일본의 경영자들은 도쿠가와에게 집착하고 있으며, 그는 어떤 면에서 압도적인 지지를 받고 있는가 하는 점이 궁금할 것이다. 도쿠가와라는 사람 자체는 싫어하지만, 기업을 260년 동안이나 일정 상태로 유지할 수 있는 경영 노하우를 배우고 싶다는 뜻이 아닐까?

"사람의 일생은 무거운 짐을 짊어지고 먼 길을 걸어가는 것과 같기 때문에 절대로 서두르면 안 된다"는 도쿠가와의 말에서는 그의 성격을 잘 나타내 주고 있다.

사람들은 대개 자신이 고생을 하면 다른 사람들에게 그 고생을 더욱 강조하면서 강요하게 된다. 자신이 당한 고통을 다른 사람에게도 강요하는 바람에 결국 빈축을 사는 예가 생기는 것이다.

그런데 도쿠가와는 결코 자신의 고통을 다른 사람에게 강요하지 않았다. 즉, 그 자신의 불행한 경험을 사회에 대한 적대감으로 변화시키지 않았다는 것이 위대한 점이다.

06 마음이 넓은 사람

> "다른 사람을 진정으로 이해한다는 것은 참으로 훌륭한 태도이
> 다. 그러나 거기에 사랑이 빠지면 그것은 멋진 포장지에 불과하
> 다. 넓은 마음으로 상대방을 생각해 보고 진정으로 받아들일 줄
> 아는 사람이야말로 리더로서의 자질이 있는 사람이다."

'신입 사원을 채용하면 반드시 먼저 타인의 의견을 물어야 하는 부
서로 보낸다. 동시에 다른 한편으로는 타인이 그에게 와서 의견을 물어
야 하는 책임 있는 일을 시켜보라.'

이것은 지혜로운 관리자라면 대부분 알고 있는 상식일 것이다.

만약 신입 사원이 유용한 인물이 될 수 있는 사람이라면 몇 주일이
못 되어서 그의 맡은 일은 순조로이 진행될 것이다. 그가 겸손하고 친
절하며, 그리고 주위 사람들과 조화가 잘 되고 타인의 의견을 재빨리
이해할 수 있는 성향이라면 사람들이 금세 그와 친해져서 그에게 의논
하며 협력하게 될 것이다.

그런데 이러한 성향이 없다면 사람들은 그와 함께 일하는 것을 좋아하지 않게 될 것이고, 그의 일은 날이 갈수록 적어지며 줄어들 것이다.

이런 사람이 2~3주가 지난 뒤에 관리자를 찾아와서 일이 한가로워서 답답하다고 호소하였다고 해보자. 당신은 이런 사람에게는 장래성이 없다고 판단을 내려도 좋다. 가령 한 번만 더 기회를 줄 양으로 그의 직속상관 되는 사람더러 그에게 더 일을 주라고 말해 준다 해도 그는 또다시 빈들빈들하는 상태에 놓이게 될 것이다.

그래서 결국은 타인과 상의도, 협력도 할 필요가 없는 기계적인 일로 그를 보내든가, 그렇지 않으면 회사를 그만두라고 할 수밖에 없다.

큰 사업체에서 일하는 사람은 모두 자기가 일을 만들어서 하고 있는 것이다. 조금이라도 사람들 위에 설 수 있는 능력을 가지고 있는 사람에게는 일이 저절로 모여드는 법이다.

한 가지 예를 들어보자.

머리가 매우 우수한 기술자가 있었다. 그런데 그는 좋은 지위에 있지 않고, 많은 급료도 받지 못하고 있었다. 왜냐하면 그는 '숨쉬는 기계'에 지나지 않았기 때문이다.

그는 문제를 깊이 파고드는 재능이 있었다. 그러나 꼼꼼이 자기의 일에만 몰두할 뿐이고, 그 외의 일은 거들떠보지도 않으려 했기 때문에, 사람들이 아무리 그 구멍에서 끄집어내려고 애써도 고슴도치처럼 더욱더 좁은 구멍으로 기어들어갈 뿐이었다.

그 이유는, 그는 자기 주위와 조화를 이루지 못했기 때문이었다. 바꿔 말하면 타인과의 관계에 있어서 적당하게 자기를 처신할 수 있는 능력이 없는 까닭이다. 그는 자기와 의견이 틀리는 타인과 의논을 할 때에는 신경질을 내며 핏대를 올리거나, 아니면 화를 내었던 것이다.

그래서 그가 주장하기 시작하면 주변 사람의 의견은 결국에 가서 그에게 지고 마는 경우가 종종 있었다. 그의 기술적인 재능면으로 본다면 그는 상당히 높은 지위에 오를 것이지만, 교제하기 어려운 기질과 상대방을 심복시키는 능력이 결여되어 있기 때문에 그런 지위에 앉을 수가 없었던 것이다.

당신이 상대방의 의견을 잘 받아들이는 인물인가 어떤가는 다음의 사실로써 확인할 수 있다. 상대방이 어떤 기획을 내보일 때 그에 대해 좋은 점을 먼저 찾아보겠다는 마음을 갖게 되면 당신은 조화로운 성격을 가지고 있는 사람이라 할 것이다.

반대로 '이게 뭐야, 이런 엉터리 같은 생각은 귀담아들을 필요도 없어' 하고 마음속으로 일축해 버리고, 그저 자기 의견을 내세울 생각만 하는 사람이라면 당신은 확실히 조화성이 없는 사람인 것이다.

〈마음이 넓은 사람이 되는 원칙〉

■ 다른 사람의 이야기를 공손히 잘 듣는다.

■ 질문을 한다.

■ 부정적인 태도는 피한다.

■ 비평을 내리기 전에 먼저 그에게 당신의 생각을 빌려준다.

■ 다른 사람이 좀더 나은 생각을 발견할 수 있는 너그러운 분위기를 조성해 준다.

07 경영은 종합예술이다

"경영에는 모험이 따르게 마련이다. 경영자는 일을 추진함에 있어 중견 간부나 일선 감독관들에게도 몇 번이고 방법을 바꾸어 되풀이해서 공격을 가하여 일을 성사시켜야 할 때도 많다."

당신이 아무리 화려한 경력이 있고 기술적으로 뛰어나고 지혜롭다 해도 다른 사람들이 당신에게 자발적으로 협력하지 않는다면 당신은 리더로서의 충분한 힘을 발휘할 수가 없다.

당신이 경영자라면 마음속에 언제나 사람의 능력을 개발하고 새로운 것을 창조하려는 이상과 꿈을 지니고 있어야 한다.

흔히 사람들은 모든 것이 돈으로 통하는 세상이라고 말한다. 이런 사고는 세상사가 모두 돈으로 해결되고, 경영까지도 돈으로 해결된다고 흐르기 쉽다.

경영의 범주 속에는 돈의 쓰임새까지 포함되는 것은 당연한 일이다.

그리고 그것의 많고 적음으로 경영의 승패를 파악하여 평가하려 한다.

그러나 돈으로써 척도를 재거나, 돈으로써 해결할 수 있는 부분은 극히 적은 부분밖에 안 된다.

만사가 돈으로 해결된다고 생각하는 사람은 경영을 반드시 실패하기 마련이다. 아니, 비록 결과가 좋다고 하더라도 곁에 있는 사람이 오히려 애를 먹는 일이 생긴다. 부하 직원들도 힘들어지고, 나아가 사회도 피해를 입는다.

경영이란 사람·물건·돈이라는 세 가지가 종합된 활동 예술이라고 할 수 있다. 물론 거기엔 조화가 첨가될 때 가능한 일이다. 경영을 효율적으로 하면 생산성과 능률성도 생긴다. 원활하게 움직이는 기동력이 있을 때 경영은 다이내믹한 아름다움도 느낄 수 있다. 그래서 경영을 만들어 내는 사람은 예술의 창조와 같은 즐거움이나 괴로움을 느낀다.

예를 들면 부하 직원들이 하는 일을 그림에 비유해 보자. 일이란 어떤 주제를 정해서 그림물감으로 한 폭의 명화를 그리는 것과 같다. 경치나 정물·인물 등을 가장 적당한 곳에 배치하고 전체로써 통일된 구도를 정한 후 색의 농담濃淡을 가미한다.

경영도 이와 같다. 유능한 인재를 모아서 조합하고 색조를 생각하여 전체 통일된 미를 창조하지 않으면 안 된다. 그것을 할 수 없다면 그 사람은 '색맹 경영자'라고 할 수 있다.

이런 색맹 경영자는 전체의 조화를 파악할 수 없다. 사람의 마음을 꿰뚫어볼 수도 없고, 인물의 특성을 알고 적재적소에 배치하는 일조차 어렵다.

경영에서 무엇보다도 강조되어야 할 점은 자신과 함께 일할 사람들의 능력을 최대한 활용할 수 있는 자신의 능력을 기르는 일이다.

사장이 반드시 기술자가 될 필요는 없다. 경리에 밝은 사람일 필요도 없다. 경영 이론의 전문가일 필요는 더더욱 없다.

그러나 이들 전문 기술가의 능력을 잘 조화시켜 최대한으로 발휘시키는 오케스트라의 지휘자처럼 되지 않으면 안 된다.

훌륭한 동물원을 원숭이나 사자만으로 채워 넣을 수는 없지 않는가. 개성 있는 여러 동물들을 한데 모아 놓았을 때 비로소 완성된 동물원이 만들어진다.

이와 마찬가지로 갖가지 다양한 능력과 성격, 그리고 특성을 가진 사람을 잘 맞추고 조화시켰을 때 비로소 경영의 묘미가 나온다.

경영은 또한 건축과도 흡사하다. 계획을 세워 설계도를 작성하고, 기초 공사를 공고히 하고, 그 위에 차례차례로 건축 재료들을 쌓아올린다. 때로는 증축을 하기도 한다.

머릿속에 있는 계획은 사람·물건·돈이 합쳐져서 비로소 구체화되고, 장엄한 일대 건축물로 완성된다.

모든 사람은 사고형과 행동형이라는 두 가지 패턴으로 나누어진다. 사고형은 진지하게 생각해서 방향을 정한 후 수단을 생각하지만, 좀처럼 행동으로 옮기는 일은 드물다. 책상 앞에 앉아 있기만 한다면 감나무 아래서 감이 떨어지기만을 기다리는 사람과 다를 바가 없다. 제아무리 깊은 통찰력과 예리한 날카로움이 있다고 해도 아무것도 하지 않으면 결과는 언제나 제로이다.

그러나 생각과 결과물을 행동에 옮기면 마지막에 남는 것은 자신도 모르게 한 걸음 앞서나간 패기와 의욕에 넘친 경영자의 모습이다.

사람·물건·돈이 제멋대로 움직여서는 집약력을 발휘하지 못한다. 이는 기업의 방향성이 명확하지 않기 때문이다. 일은 열심히 하고 있지만 생산성이 오르지 않는다면 하루 속히 이와 같은 맥락에서 원인을 찾아보아야 할 것이다.

08 문제를 만드는 정신

"전년 대비, 전월 대비, 혹은 5년 전 대비, 3년 전 대비 등을 해 보아서 회사의 수익률 또는 개인의 수익률이 증가하였을 때 당신의 반응은 어떠한가?

만족하여 현상태를 유지하고 싶어하는 사람에게는 더 이상의 발전이 없다. 그런 간부 아래 있는 부하 직원들은 환경은 편안할지언정 발전이 있을 수 없다. 현재보다 나은 미래를 설계할 줄 아는 사람만이 진정한 프로다."

상당히 오랫동안 업적이 부진하여 고전을 하고 있던 A 회사에서는 내부적으로 여러 가지 노력을 기울인데다가 환경조건의 개선 등을 힘쓴 결과 업적이 향상되어 매상 순이익률이 5퍼센트 상향선을 돌파하게 되었다.

이것은 이 회사의 창립 이래 처음 보는 최고의 수치였기 때문에 사장 이하 전사원이 매우 흥분하였다.

이 회사는 원래 발족 당시 재계의 도움을 받아 설립된 회사였기 때문에 이사 가운데 5명의 사외이사가 있어서 다른 이사회와는 그 성격이 달랐다.

사장은 우선 이사회에서 개황을 보고하며, 이 업적을 다소 자랑스럽게 말했다. 사장의 보고가 끝나자, 경제계의 원로이기도 한 사외이사 한 사람이 불쑥 일침을 놓았다.

　"5퍼센트는 너무 낮군요."

　이사회가 끝나고 사외이사들이 돌아가자마자 사장은 즉시 임시 상무회의를 소집했다. 그리고 장장 4시간에 걸쳐서 다음 회기에는 최소한 8퍼센트의 매상 순이익률을 올리려면 어떻게 할 것인가에 대한 격론이 벌어졌다.

　그 뒤로 이 회사의 각 부서 간부에게는 각 담당 상무로부터 엄중한 숙제가 부과되었다. 이리하여 이 회사는 결산의 주주총회가 끝나기도 전에 공장·지사·영업소의 구석구석에 이르기까지 새로운 물결이 휩쓸고 있었다.

　당신이라면 이런 상황에서 과연 어떻게 했을 것인가? 관리자로서 상황에 대한 올바른 판단은 매우 중요하다. 창립 이래 최고의 수치에 만족하여 그대로 머무를 것인가, 아니면 이 회사의 관리자처럼 한 마디 벌침에 노여워하지 않고 그것을 하나의 성장 원동력으로 삼겠는가?

　A 회사의 예에서 볼 때, 두 가지 유리한 조건이 있었다. 첫째 착실하고 실질적인 이사회를 가지고 있었다는 점, 둘째 경영자의 행동이 신속했다는 점이다.

　이 회사의 경우는 보는 사람의 눈에 따라 문제의식이 어떻게 달라지느냐 하는 면을 잘 보여주는 예이다. 처음 사내이사들은 매상 순이익률 5퍼센트를 충분히 자랑할 수 있는 좋은 성과라고 생각했었다. 이전의 업적에 비한다면 분명 눈부신 발전이었다.

그러나 원로들은 그렇게 생각하지 않았다. 왜냐하면 다른 업종의 최근 수익률과 비교해 보았기 때문이다.

흔히 '이 업종에서는 대체로 이런 정도면 될 것이다' 라는 고정관념은 당신의 발전을 지체시키는 요인이 된다. 마음만 먹는다면 더 발전할 소지는 얼마든지 있게 마련이다.

발전하는 당신이라면 언제나 어떤 상황에서도 문제 의식을 가져라. 더구나 평사원이 아니라 관리자일 경우에는 상당히 중요한 얘기이다.

자기 자신이 무엇을 해야 하는지, 어떤 문제를 해결해야 되는지가 보이지 않는 관리자라면 명색만 간부이지 문제의식이 왕성한 평사원만 못한 것이다.

문제란 '존재하는 것' 을 발견하는 것이 아니다. 이런 의미에서 5퍼센트는 문제가 없었다. 문제란 있는 것이 아니라, '자기 자신이 만들어 내는 것' 이다.

높은 가치 판단의 기준을 가지고, 현재에 만족하지 않고 스스로 만들어 내고 이에 도전하는 것임을 명심하라.

그러므로 현재에 만족하고 있는 타입의 관리자는 이상이 낮은, 문제 의식이 없는 게으른 간부라고 할 수 있다.

09 자기의 분신을 만들어라

"당신 자신이 아무리 뛰어난 능력의 소유자라 해도 사람을 잘
다스릴 줄 모른다면 관리자가 될 자격이 없다. 그리고 회사의 일
을 당신 혼자서 모든 것을 다 처리한다는 것은 불가능하다.
그러므로 부하 직원을 잘 다스려서 효율적인 업무 실적을 올리
는 것이 당신의 임무이다. 적절한 일을, 적합한 사람에게 분배하
여 능률을 향상시키는 것이다."

현대 산업사회의 주역이라 할 수 있는 지금의 대기업들은 대개 무일
푼으로 사업을 시작한 경우이다.

아무것도 없이 사업을 시작한 사람은 오직 부지런함이 재산이었다.
몸을 아끼지 않고 피땀을 흘려 열심히 일하고 있다 보면 그 모습에 감
동하여 주변에 여러 사람의 협조자나 동조자도 나타나게 마련이다.

경영자가 자신의 분신을 만들기 위해서는 그만큼 합리적이고 긍정
적인 동기를 제시할 수 있어야 한다. 어떤 목표를 가지고, 왜 일을 해야
하는가 하는 정확한 비전 제시를 할 수 있는 경영자여야만 비로소 믿고
따르는 사람이 생기기 때문이다.

사원이 10명 안팎의 작은 회사라면 열심히 일하는 사장의 모습에 감화를 받아서 사원들은 함께 땀 흘려 일하려는 의욕을 보일 것이다.

사업을 계속 발전시켜 백 명의 기업, 천 명의 기업으로 성장시키는 사람은 재주도 있고 통제력도 있어야 하지만, 무엇보다도 사람을 다룰 줄 모르면 크게 성공할 수가 없다. 즉, 경영 책임자의 그릇에 따라 사업의 성공 여부가 결정되는 것이다.

사람을 움직이는 비결은 이 세상에 오직 한 가지밖에 없다. 즉, 스스로 하고자 하는 마음을 일으키도록 북돋우는 것이다.

물론 상대의 가슴에 권총을 들이대 손목시계를 풀어주고 싶은 마음을 일으키게 할 수도 있고, 사원들의 목을 자른다고 위협하여 협력을 하게 할 수도 있고, 호통을 쳐서 부하 직원을 마음대로 움직일 수도 있을 것이다. 적어도 감시의 눈이 번뜩이고 있을 동안만은 말이다.

그러나 이런 서투른 방법에는 항상 좋지 못한 역작용이 따르게 마련이다.

오스트리아의 심리학자인 S. 프로이트에 의하면, 인간의 모든 행동은 두 가지 동기, 즉 성적 충동과 위대해지고자 하는 욕망에 의해서 시작된다고 한다.

또 미국의 저명한 철학자이며 교육가인 존 듀이는, '인간이 갖는 가장 뿌리 깊은 충동은 훌륭한 인물이 되고자 하는 욕구'라고 표현했다. 이것은 사람에게 있어 매우 중요한 문제이다.

흔히 원하는 것이 별로 없을 듯한 사람에게도 손에 넣지 않고는 배기지 못하는 몇 가지는 있을 것이다.

이러한 사람의 기본적인 욕구를 파악하고, 사람을 잘 다스리는 사람은 능력 있는 관리자라 할 것이다. 이런 사람은 사람을 심복케 할 정도로 내 편으로 끌어들이는 인간적 매력을 지닌 인물이다. 사람의 마음을 사로잡는 기술을 지닌 사람이라고 할 수 있다.

일반적으로 보통 사람은 10명 가량은 통솔할 수가 있다. 그러나 인원이 100명 정도 되면 숙식을 같이하면서 직접 지도하고 격려하지 않는 한 물리적으로 통솔은 불가능해진다.

그러므로 이럴 때는 자기의 분신을 만들어야 한다. 분신이란 경영자의 의사를 잘 파악해서 그의 임무를 대신 수행해 주는 사람을 말한다. 최고경영자에겐 자기의 신념에 공감하여 같은 사업 목표를 향하여 매진하고 노력하는 사람이 필요하기 때문이다.

자기의 부하를 기르고 간부를 만들어 그들에게 책임과 권한을 위임해서 업무를 차근히 수행해 갈 수 있도록 하면, 당신의 한 마디가 수천만 명에게 동시에 전달되는 효과를 가져올 수 있다. 그렇게 되면 조직은 피라미드처럼 성장하고 사업은 발전해 간다.

'많은 일과 책임을 부과한다. 동시에 그 노고를 생각하여 많이 분배해 준다.'

이것이 인사 관리의 포인트이다. 일과 책임이 너무 많고 일방적으로 분배가 적고 공평하지 않으므로 불평이 생기는 것이다.

적당한 자리를 주어 일과 책임을 맡기면 오히려 대부분의 사람은 자기의 능력 이상으로 발휘하며 일하는 보람을 느끼게 된다.

사람을 잘 쓸 줄 모르는 사람, 일은 할 줄 알지만 협조성이 부족한 사람은 공평하게 분배하는 도량이 없는 이기주의자라고 볼 수 있다. 이기

주의자들은 사회적으로 미성숙한 인간이다. 이런 사람은 사회인으로서는 어린아이에 불과하다.

　이런 사람은 아무리 머리가 우수해도, 또한 다른 사람이 가지고 있지 않은 특수 기능을 가지고 있어도 다른 사람을 움직일 수가 없다.

10 고독한 리더

"역사상 가장 뛰어난 리더십을 발휘했던 군인으로서는 알렉산더 대왕과 아이젠하워를 꼽을 수 있다. 알렉산더는 젊은 나이에 결단력 있는 리더십을 발휘해 유럽에서 인도에 이르는 대륙을 석권했다. 아이젠하워는 철통 같은 히틀러를 타도하는 데 천재적인 리더십을 보인 장본인이다."

평사원은 동료들과 책상을 나란히 하여 일을 하며 휴식 시간이 되기를 기다린다. 그러나 관리자는 책상을 나란히 쓸 사람도 없거니와 휴식 시간이 따로 없다. 일단 관리자가 되면 모든 사정은 달라지는 것이다.

그러다가 임원이나 사장이 되어 혼자 방을 지키게 되면 고독감은 한층 더해진다. 지위가 높아짐에 따라 고독감이 심해지는 것은 단순히 위치만의 문제가 아니다. 왜냐하면 간부란 업무의 성질상 심리적으로 어느 정도 부하 직원과 떨어져 있지 않으면 안 될 숙명적인 입장에 처해 있기 때문이다.

부하 직원과 동료로서 대등하게 사귀는 것도, 부하 직원으로부터 정직한 말을 듣는 것을 기대하기도 어렵다. 예컨대 부장이나 임원이 사원들과 마주앉아 그들이 하는 잡담 속에 뛰어드는 것은 아무런 의미가 없는 일이며, 오히려 거치적거리는 폐단이 되기가 일쑤이다.

사원은 일하는 과정에서 상사로부터 받는 스트레스를 해소하기 위하여 때때로 상사의 험담을 하고 싶은 충동을 느끼는 법이다. 따라서 그들의 잡담에 뛰어드는 것은 이러한 평사원들의 건전한 레크리에이션을 방해하는 결과가 될 뿐이다.

또한 관리자는 부하 직원과 상담해서는 안 될 문제, 혹은 자신만이 해결할 수 있는 문제에 부딪치는 경우가 적지 않은데, 지위가 높아질수록 누구와 상담할 수도 없는, 자기 혼자서 결단하지 않으면 안 될 일이 많아지기 때문이다. 이처럼 간부는 고독을 견뎌내지 않으면 안 된다.

프랑스의 정치가 드골은 리더의 고독을 이렇게 말한 바 있다.

"위대한 인물은 사람들과의 사이에 거리를 둔다. 권위는 위신 없이는 이루어지지 않는다. 왜냐하면 위신은 속세와의 거리 없이는 성립되지 않기 때문이다."

부하 직원과의 일정하게 가까운 간격은 반드시 필요하다. 그러나 거리가 너무 멀어도 곤란하다. 즉 '불가근 불가원不可近 不可遠'의 원리가 적용되어야 하는 것이다. 다시 말해 '멀지도 가깝지도 않게' 인 것이다.

그러나 관리자는 생각하는 것, 행동하는 것 모두가 고독한 결단에 의하는 것이기 때문에 스스로 고독한 존재임을 각오하지 않으면 안 된다.

금주법 시대에 마피아 세력을 확대시킨 알 카포네, 그 작은 몸집에 왜소한 풍채를 하고 권총조차 잘 쏘지 못했던 그가 암흑가의 왕자로 군림할 수 있었던 비밀은 그의 탁월한 리더십에 있었다.

카포네는 폭력을 조직화하고 시스템화하는 데 성공했다. 다른 갱의 두목들은 폭력이나 완력만을 휘둘렀지만, 카포네는 공무원의 매수, 전문가를 이용한 교묘한 탈세, 기술자를 고용한 술의 밀조密造, 팀워크에 의한 술의 밀수입 등의 능숙하고 치밀한 계획과 조직화에 뛰어난 재능을 발휘했다.

이러한 미국의 마피아는 세계 제일의 초대기업이라 일컬어질 정도로, 보이지 않는 곳에서 미국 경제를 좌지우지하는 힘을 지니고 있었다. 그들은 실제로 미국의 대기업을 10개 정도를 모아놓은 것과 같은 엄청난 매상을 올리고 있었으며, 더욱이 세금을 거의 물지 않으므로 그 수입은 거의 기하학적인 수치였다.

이러한 막강한 조직을 이끌고 있는 보스들은 리더로서의 한 치 손색 없는 역할을 감수해 낸 덕분에 자신의 조직을 한 손가락으로 움직일 수 있었던 것이다.

그러나 겉으로는 한없이 거대한 조직의 우두머리요, 화려한 거부巨富 생활을 누리는 리더였음에도 그들의 얼굴엔 고독이 서려 있었다.

허스키한 목소리로 등을 돌리고 앉아 부하들을 지휘하던 말런 브랜도 주연의 영화 〈대부〉를 생각해 보라. 과묵하고 얼굴은 무표정이다. 그러나 결정의 순간이 오면 그 누구와 상의하는 일 없이 혼자 결정하기까지 냉정한 표정을 잃지 않는다. 이처럼 영화 속에서도 리더십을 연구할 수가 있는 것이다.

실제로 리더는 그러한 내성을 지니고 있기 때문에 생명력이 오래간다고 볼 수 있다. 만약 리더가 수다스럽고 얼굴에 장난기 가득한 코미디언 같은 사람이라고 상상해 보라. 그를 따를 부하가 있을까?

어떤 리더가
될 것인가?

11 과감히 다른 사람의 지혜를 쓰라

"너무나 체면을 차린 나머지 궁지에 몰린 상황에서도 혼자서 해결하려고 끙끙대다 보면 어느새 시기를 놓쳐 실패의 문턱에 서 있기가 쉽다.

간부란 사람을 잘 부리는 것뿐 아니라, 그 사람의 지혜까지 잘 사용할 줄 아는 사람을 말하는 것이다.

간부라고 하여 최초의 아이디어를 자기 자신이 만들어내야 한다는 원칙은 없다. 체면 때문에 다른 사람의 지혜를 사용하지 못하는 사람은 아무런 발전이 없다."

현대는 정보사회이다. 그래서 정보는 곧 기업의 힘이라고 말한다. 자신의 아이디어나 문제해결의 실마리가 될 수도 있는 정보는 각종 매체나 다른 사람으로부터 얻을 수 있다.

그런데 지나치게 권위적이거나 보수적인 관리자는 다른 사람에게 지혜를 얻는 것을 자존심 상하게 생각하는 경향이 있다.

인재로서 기용하고 싶은 사람이 있다면 우선 그의 기획력, 계획력, 조직력, 커뮤니케이션, 인간관계 등 폭넓은 항목을 점검해 보아야 할 것이다.

간부의 생활에는 으레 '어떻게 해내야겠는데 좋은 방법이 없을까?

하는 일종의 숙제가 붙어다니게 마련이다.

"저 사람은 언제나 말썽이야. 어떻게 지도해서 고쳐주어야겠는데 좋은 수가 없을까?"

"어떻게 하든지간에 상품의 품질을 향상시켜야겠는데 뜻대로 안 되는군."

"매상이 크게 오르지 않으니 걱정이야. 어떻게 하면 될까?"

"인원을 감축해야겠는데, 어디서부터 손을 대지?"

"우리 과 사기가 저하되었는데, 어떻게 활기를 불어넣을 수는 없을까?"

이러한 경우는 문제가 뚜렷하다. 그러나 그 해결방법에는 막혀 버리고 만다. 머릿속에서 항상 떠나지는 않는데, 날마다의 업무에 쫓기다 보니 숙제는 언제나 처리하지 못하고 있다. 별로 좋은 상태는 못 된다고 생각하고는 있으면서도 하는 수 없이 질질 끌려간다.

자기 혼자 아무리 생각해도 방법이 떠오르지 않을 때 그것을 언제까지나 마음속에 간직한 채 미결 상태로 두는 것은 간부로서는 치명적인 마이너스가 된다.

이때 가장 좋은 해결 방법은 기탄없이 다른 사람들의 지혜를 빌리는 것이다. 부하에게 문제를 말하고 그 의견을 듣거나 토의를 하라.

동료인 다른 간부에게 실정을 말하고 '당신이라면 어떻게 하겠소?' 하고 물어보라. 상사에게 상의하여 힌트를 얻으라. 지장이 없는 일이라면 회사 밖의 가까운 친구나 존경하는 선배에게 의견을 물어보는 것도 좋다.

이런 경우 상대방의 이야기를 열심히 경청한다. 다소 상황에 맞지 않고 핀트가 빗나간 의견이라도 고맙게 끝까지 전부 들으라.

무엇보다도 힌트를 될 수 있는 대로 많이 수집하는 것이 중요하다. 세상에는 지혜처럼 값지고 귀중한 것은 없는데도, 의외로 다른 사람의 지혜를 존중할 줄 모르는 사람들이 많다.

그렇기 때문에 당신이 그처럼 공손한 태도로 다른 사람들의 의견이나 경험담을 열성껏 들어주기만 해도, 그들은 누구나 귀중한 그의 지혜를 조금도 아낌없이 그리고 기쁜 마음으로 당신에게 줄 것이다.

사람이란 누구나 각각 다른 인생을 살고 있고, 다른 체험을 하고 있으므로 자신의 경험을 통하여 반드시 귀중한 지혜를 지니고 있게 마련이다. 물론 자기 혼자서 생각해 낸 일은 자신의 경험을 통하여 생겨난 것이기 때문에 으레 편견과 맹점을 지니고 있다. 그러나 그것은 어차피 그 상황에서 생각해 낼 수 있는 방법의 사소한 일부를 커버해 주는 것이다.

그런데도 간부 중에는 아무런 방법이 떠오르지 않아 곤란을 겪을지언정 자기 혼자서 끙끙거릴 뿐, 다른 사람의 지혜를 빌리려고 하지 않는 타입의 사람이 있다. 이와 같은 '체면파' 간부는 자기의 직무에 대하여 올바로 이해하지 못하는 사람이다.

간부란 본래가 '사람 관리하는 것을 전문으로 하는' 직업이다. 그리고 사람을 부린다는 것은 비단 그 사람들을 실제로 행동시킬 뿐 아니라, 그들의 지혜까지 사용한다는 뜻이다.

간부라고 하여 최초의 아이디어를 반드시 자기 자신이 만들어내야 할 책임은 없다. 소위 아이디어맨으로 불리는 간부 중에는 오히려 적어도 매니저로서는 제1급이라고 할 수 없는 사람들이 많다. 그것은 머리

가 지나치게 잘 돌기 때문에 부하들이 생각할 여지를 빼앗아 버리는 데
그 원인이 있는 것이다.

　처음에는 누구의 지혜라도 좋다. 그것을 '사용하는 것' 이 간부의 직
무다. 체면에 걸린 잠재의식 때문에 다른 사람의 지혜를 사용하지 못하
는 사람은 진취적으로 앞으로 나아가지 못한다.

　간부로서는 자신이 없는 사람이 다른 사람에게 아이디어를 받는다
는 콤플렉스를 감추기 위하여 사람들에게 의견을 물어보지 않는 경우
도 있다. 그러나 이것은 전혀 불필요한 콤플렉스다. 오히려 다른 사람
들의 의견을 물어보지 않는 그 자체가 큰 문제다.

12 어떤 인재를 발탁할 것인가?

"훌륭하고 능력 있는 인재를 발탁한다는 것은 요컨대 일의 성공과 본인의 능력 개발이라는 두 가지를 최고로 충족시키기 위함이다. 사람을 발탁할 때는 무엇보다도 인간 본위, 일 본위가 되어야 한다."

회사가 크든 작든 한 사람의 인재를 발탁하는 일은 공평하고 객관적이어야 한다. 관리자가 인재를 공평하고 사심 없이 객관적으로 평가하는 눈을 갖지 않고 함부로 발탁을 하면 사내(社內)에 불평불만이 팽배해지고 혼란이 일어나기 마련이다.

제대로 발탁을 하는 용기 있는 회사일수록 관리자로서 아랫사람을 보는 눈이 진지해야 한다. 이때 가장 중요한 문제는 어떤 사람을 발탁하고, 어떤 사람을 경질시키느냐 하는 점이다.

관리자는 인재를 발탁할 때의 기준을 다음 세 가지 척도에 맞추어 볼 필요가 있다.

첫째, 과거 실적을 평가한다.

과거의 실적이야말로 그 사람의 능력이나 잠재적인 능력의 객관적인 척도가 된다. 그러나 지금까지의 실적만을 보고 기계적으로 발탁이나 변경을 결정한다는 것은 위험한 일이다. 그 실적 속에서 남들이 알기 힘든 인간의 능력을 포착하는 안목이 지도자에게는 필요한 것이다.

둘째, 직무 능력에 플러스 알파가 있는지를 본다.

정규 직무를 단순히 충실하게 수행하기만 하는 사람은 그것만으로서는 발탁할 가치가 없다. 현재 맡고 있는 직무도 충실히 완벽하게 수행하지만, 거기에 더해서 정해 있지 않은 새로운 문제를 끄집어내서 해결해 보려고 하는 사람을 찾아야 한다. 다시 말해서 직무 이외의 특별한 임무를 기꺼이 책임지고 수행해 가는 사람이 아니라면 발탁할 가치가 없다고 보면 된다.

기업은 끊임없이 새로운 문제의 도전에 직면한다. 지금까지 제기되어 왔던 문제가 아니라, 갑자기 새로운 문제가 일어나고 이를 해결하지 않으면 안 되는 상황이 수시로 생겨나게 된다.

이럴 때에 지금까지와 같은 방식으로써가 아니라, 새로운 시각에서 사물을 보고 거기에 도전하려는 활력에 넘치는 사람이 회사에는 필요한 것이다.

셋째, 칠전팔기 정신의 소유자인가를 본다.

사람은 누구나 실패할 가능성이 있다. 절망의 구렁텅이에 빠진 듯하여 영영 헤어나지 못할 것 같은 불안감에 휩싸일 때도 있다. 조직으로 짜여진 회사에서 실수란 없을 수가 없다. 게다가 복잡한 인간관계에서 자의든 타의든 동료들과 사이가 벌어질 때도 있다. 어떠한 사람이라도 불가피하게 서로 의견이나 마음이 맞지 않을 경우가 있다는 얘기다.

이렇게 어려움에 처해질 경우, 금세 의기소침해서 불만을 터뜨리거나 자포자기해 버리는 사람이 많다. 따라서 어려움을 이겨낼 기력이 없는 사람을 발탁할 경우에는 회사는 스스로 무덤을 파는 것과 같다.

설령 한때 실패를 하더라도 이를 만회하기 위해 필사적인 노력을 다하는 사람을 뽑아야 한다. 그리고 자기의 실책이나 결점을 설령 비판받는다 하더라도 거기에 위축되지 않고 건설적이고 생산적으로 생각하여 스스로를 바로잡아 가는 사람을 골라낼 수 있어야 한다.

발탁이 이루어지지 않는 회사에서는 관리자는 부하 직원의 태도가 나쁘다든가, 의자에 앉는 자세가 불량하다든가 하는 표면적인 일에만 신경을 쓰고 부하 직원의 업무 성과나 능력의 신장에 대해서는 전혀 관심이 없다.

이것은 상사의 질투심과 무능함이 가져오는 결과다. 그러나 실적 위주에 의한 발탁을 조직의 관행으로 만든다면, 이런 질투심은 자동적으로 없어진다. 신선하고 선의의 경쟁심이 생겨나는 것이다.

질투심은 서로의 발목을 잡아당기는 극히 비생산적인 사람의 감정이다. 그러나 선의의 경쟁심은 그 조직의 구성원들로 하여금 앞을 향해 나아가도록 해준다.

어떤 부문의 업적이 나쁠 때는 대담하게 사람을 발탁하지 않고는 그 부문에서 근본적인 개혁은 이루어질 수 없다.

인재를 제대로 발탁하는 용기를 가짐으로써 공평하고 객관적인 실적주의에 따라 사람을 보는 능력이 길러진다.

전국 시대에 중국을 통일한 진나라 재상 여불위는 진시황의 친아버지로, 조정에서 필요한 사람을 쓰기 위하여 '육험론六驗論'을 적용하였다고 한다. 이 방법은 중국뿐 아니라 우리나라에서도 사람을 판단하는 규범으로써 여겨왔다.

첫째 그 사람을 즐겁게 해주고서 얼마나 빠져드느냐를 보고, 둘째 그 사람을 기쁘게 해주고서 그가 얼마나 자제하는가를 보며, 셋째 그 사람을 괴롭혀주고 얼마나 참아내는가를 보고, 넷째 그 사람을 두렵게 해놓고서 얼마나 공포감을 나타내지 않는가를 보며, 다섯째 그 사람을 슬프게 해놓고서 얼마나 삭이는가를 보고, 여섯째 그 사람을 성나게 해놓고서 얼마나 개의치 않는가를 보는 것이다.

따라서 상대방에게 자극을 주고서 동물적인 반응을 일으키는지, 아니면 그 자극을 자제하는 사람인지를 가려서 쓴다는 내용이다.

요즘도 신입 사원을 데리고 축하 회식을 하는 자리에서 지나치게 술을 권하여 취기 상태를 만들어서 그 사람의 됨됨이와 본색을 알아보려는 모임이 있는 것을 보면 아마도 이 '육험론'에서 비롯된 것이 아닌가 싶다.

반면, 일부 기업에서는 전직원을 대상으로 하여 "우리 회사에 꼭 필요한 사람과 필요 없는 사람을 각각 두 명씩 이름을 적어 내라"고 하여 필요 없는 몇 명을 일시에 해고시킨 일이 발생하여 말썽이 된 적도 있었지만, 고금을 통하여 사람을 가려 쓰려고 하는 노력은 간부를 뽑는 일이나 시험을 보는 것만큼 중요하고도 어려운 일이었던 것이다.

서로 모르는 사람을 처음 만났을 때 우리나라 사람이 맨 먼저 알고 싶어하는 것은 그 사람의 직함이라고 한다.

직위를 중요시하는 우리 사회의 상향 의식은 대인 관계나 회사 업무·관청 업무에서도 자신의 능력을 더욱 돋보이게 하는 플러스 알파 효과를 발휘하고 있기 때문에, 모두가 인정받는 소속 집단의 계층에 다다르기 위한 일류병이 중독되다시피 만연되어 온 게 사실이다. 또한 명문 학교나 대기업 또는 권력자와의 면식(지연·학연·혈연 등)으로 유리한 위치를 점하려는 의식구조가 팽배했었다.

더 많이, 더 높이, 그리고 더 좋은 삶을 더 빨리 성취하기 위한 지름길을 적은 노력으로 한 번에 한 계단이 아니라, 두세 계단씩 뛰어오르기 위한 상향 의식이 잘못된 의식 구조를 낳아, 기본이나 기초를 갖추지 못한 간부들이 만연했던 적이 있었다.

사람을 적재적소에 골라쓰기 위한 평가 방법은 회사마다 적용에 차이가 있겠지만, 가장 합리적인 방법으로 아래와 같은 기준이 있다.

① 일에 필요한 지식을 터득하고 숙련되어 있는가?

② 기획·조직 능력을 발휘하는가?

③ 문제점 파악과 분석 능력은 있는가?

④ 업무에 대한 판단·결정·수행의 확실성은 어느 정도인가?

⑤ 새로운 상황에 대한 적응력은?

⑥ 창조적이고 모험적이며 솔선 수범하는가?

⑦ 부하의 유·무형 능력을 찾아내어 훈련시키는가?

⑧ 해결하는 일의 양과 질은?

⑨ 회사에서 꼭 필요한 사람인가?

⑩ 그 위치에서 상위 직무나 현장 업무까지 처리할 수 있는가?

13 **앞서가는** 회사를 만들기 위한 자세

"모름지기 앞서가는 회사를 만들기 위해서는 다른 사람보다 앞선 정신, 앞선 자세가 요구되며, 철저한 직업의식이 밑바탕이 되어 있어야 함을 명심하라."

흔히 우리가 한눈으로 볼 때 앞서가는 회사의 특징은 가장 먼저 최고경영자가 단연 돋보인다는 점이다. 즉 최고경영자가 어떤 마인드를 가진, 어떤 사람이냐에 따라 회사의 진퇴進退를 점쳐 볼 수도 있다는 말이다.

말할 것도 없이 회사의 외형을 평가하는 기준은 그 회사의 매출 목표가 얼마나 큰가 하는 것이다. 단순히 회사의 외형적 규모나 종업원의 숫자가 많은 기업을 선진 기업이라고 하지 않는다는 점에 당신은 놀랄 수도 있다.

그런데 회사의 매출 목표를 평가한다는 것은 바로 사원들이 생각하는 질적 수준에 달린 것이다. 다시 말해서 생각은 창조를 낳고, 모든 성장과 발전은 창조적 노력의 결과이기 때문이다. 따라서 선진 수준의 달성이란, 바로 사원의 생각의 질에 의해 결정되는 것이라고 할 수 있다.

미국의 애리조나 대학 병원에서 추수감사절에 일어난 예이다. 그 병원에는 한 심장병 환자가 등록되어 있었다. 그의 병은 다른 사람의 심장을 이식받아야 할 상태였다. 그러나 아직 자기의 신체 조건에 맞는 심장이 나타나지 않아서 집에서 대기하고 있는 중이었다.

그러던 중 이 병원에 이식 조건을 구비한 심장이 나타났다. 병원에서는 즉시 연락을 취했으나, 그날이 공교롭게도 추수감사절이라, 그 환자는 친척집에 간 후여서 아무도 전화를 받지 않았다. 병원측은 가능한 한 신선도를 잃지 않은 심장을 한시라도 빨리 그에게 이식시키고자 애썼다.

그래서 궁리하던 끝에 그날 텔레비전 시청률이 가장 높은 미식축구 중계 프로그램에 자막으로 그 환자를 찾아 병원에 즉시 연락해 달라는 광고를 하기에 이르렀다. 마침 텔레비전을 보고 있던 그 환자의 친척이 그 환자에게 즉시 연락해 주었다.

결국 그 환자는 바로 병원으로 가서 수술을 받아 지금도 건강하게 살고 있다고 한다.

당신은 이러한 예에 대해서 어떻게 생각하는가?

환자의 집으로 연락이 안 되자, 어디선가 그가 추수감사절에 축구 중계를 시청하고 있을지도 모른다는 생각에 텔레비전 화면에 자막 광고를 낸 발상, 이런 기발한 아이디어를 창안하면서 최선을 다하는 근무 자세, 또 그 나라 최대의 명절인 추수감사절, 그것도 전국민이 즐기고 있는 시간에 마음이 해이해지거나 느슨해짐 없이 자기 업무 수행에 책임을 다하는 근무 정신이야말로 가히 선진 수준이라 생각되지 않는가.

남이 다 내놓는 진부한 제품, 아무런 개성도 없고 매력도 없는 서비스 자세로는 어느 기업도 성장이나 발전은커녕 존속하기조차 어려울 것이다.

선진 기업을 만들려면 당신은 다음과 같은 자세를 가져야 한다.

첫째, 회사의 방침을 잘 이해하고 있어야 한다.

현재 회사가 어떠한 상황에 처해 있으며, 앞으로 어떻게 발전되어 갈 것인가에 대하여 깊이 생각하고, 이에 따른 책임을 깊이 자각하고 있어야 한다.

둘째, 기업의 공공성을 자각하고 있어야 한다.

영리 제일의 기업은 일시적으로 번영할 수도 있으나, 그것을 영원히 지속시키기는 매우 어려운 일이다. 기업 내의 어떠한 부분의 업무도 공공적인 역할을 수행해야 한다는 자각을 가지고 자긍심을 가져야 한다.

셋째, 자기 자신의 직무가 무엇인가를 잘 알고 있어야 한다.

넷째, 다른 부서와 긴밀하게 협조하여 공동으로 노력하려는 자세가 필요하다.

다섯째, 새로운 시대의 흐름에 보조를 맞추어 나가야 하며, 이를 위해서는 자기 계발이 필요하다.

여섯째, 인내심과 공평성을 가지고, 감정에 사로잡히지 않으며, 우의를 도모하는 정신이 필요하다.

또한 당신은 관리자이기 이전에 한 사람의 직업인이다. 바람직한 직업인이라면 ① 강한 사명감과 책임 의식, ② 근면하고 봉사하는 자세,

③ 협동 정신과 애사심, ④ 국가와 민족과 인류에 대한 사랑을 가지고 있어야 한다. 이것은 직장인으로서의 기본자세라 할 수 있다.

모름지기 내가 몸담고 있는 회사를 다른 회사보다 앞서가는 회사로 만들기 위해서는 다른 사람보다 앞선 정신, 앞선 자세가 요구되며, 철저한 직업의식이 바탕되어 있어야 함을 명심하라.

14 성공에 대한 이해

"당신이 인생에서 얻고자 하는 것, 즉 돈·지위·사랑·친구·
명예·건강·행복 등을 얻기 위해서 치르는 대가는 육체적인 것
이상의 무엇을 바쳐야 한다.
긍정적이며 낙천적인 인생관, 그리고 활동적이고 패기 있는 생
활이야말로 성공을 위한 그 어떤 노력보다도 유익하고 가치 있
는 투자인 것이다."

성공자로서의 당신에게 있어서 목표는 매우 중요하다. 자신의 개인
적인 목표뿐 아니라 부하 직원들의 직무 목표에 대해서도 파악하고 있
어야 하는 등 '목표'는 빼놓을 수 없는 요소가 된다.

당신은 매일 또는 매월·매년 목표를 세울 것이다. 목표의 계획을 방
해하는 모든 부정적인 생각이나 행동을 바로잡으며, 목표 달성의 길을
나아가고 있는 것이 당신의 마음속에 있는 성공에 대한 본능이다.

만일 당신이 이러한 성공 본능을 제대로 가동시킬 수 있다면, 그것은
목표 달성을 위한 연쇄 반응이 일어난다.

그러므로 당신이 성공의 고지를 점하고 싶다면 다음 7가지 요소를

꼭 지켜라.

1. 목표 지향성

당신은 자신의 능력이 미치는 곳에 목표를 세우지 않으면 안 된다. 자신이 어디로 가고 있는지를 파악해야 한다. 엄청난 속도를 가지고 있는 새 자동차도 고속도로가 있어야 질주해 나갈 수 있다.

2. 이해심

당신이 계획한 목표는 다른 사람도 세운 목표일 수도 있다. 거기서 당신은 다른 사람이 어떻게 생각하며 무엇을 바라는가를 이해하고, 그 사람과 함께 성취의 방법을 생각하지 않으면 안 된다.

3. 동정심

다른 사람을 이해한다는 것은 참으로 훌륭한 태도이며, 관리자로서 반드시 갖추어야 할 필수 요건이다. 그러나 거기에 동정심이 수반되지 않으면 상대방이 반감을 갖거나 오해의 소지가 있을 수 있다.

4. 용기

당신은 행동할 수 있는 용기를 갖추고 있어야 한다. 용기가 없으면 당신의 성공 요소들은 불분명한 것이 되기 때문이다. 아무리 치밀한 계획을 세웠다 해도 그 결과를 확실히 예측할 수 없는 법이다.

당신이 행동으로 옮길 용기를 가졌을 때에만이 생활의 목표는 단순한 환상 이상의 결과를 낳고, 또한 당신에게 삶의 충분한 의미를 갖게 해준다.

5. 존중

당신은 한 인간으로서 자신의 가치도 존중하고, 남에게도 경의심을 표시해야 한다. 자신의 가치를 인정하지 않으면 당신의 목표는 거의 가치가 없게 되고, 가령 목표를 달성해도 그 승리 자체가 무의미한 것이 된다.

그리고 자기 자신의 존재 중심을 느끼고 인정해야만 한다. 당신의 성공이 다른 사람에게는 훌륭하게 보일지라도 자신에게는 하찮은 것으로 인식되는 것은, 자신을 지나치게 평가절하하기 때문이다.

6. 자신감

당신은 성공을 생각할 때 자신의 재능에 자신감을 갖게 된다. 그러나 과거의 생활에서 성공이 있는가 하면 실패도 있다는 사실을 인정하라. 실패를 부정하는 것은 비현실적인 태도이다.

자신감을 강화시키기 위해서는 항상 승리하는 모습을 마음속에 그리는 것이 좋다.

7. 자기 수용

당신이 언제나 자신감에 차 있을 수는 없다. 때로는 실수와 실패를 저지를 수도 있다. 당신은 불완전한 것이 더 많을지도 모른다.

당신은 과거의 실패가 당신의 전체 능력이 아니라 일부에 불과하며, 이것은 성공을 위한 디딤돌이라는 인식으로 교훈을 삼는 자세가 필요하다.

　자신의 실패를 너그럽게 받아들이고, 자학하거나 심한 죄책감에 사로잡혀서는 안 된다. 자신의 실수를 받아들이지 못하면 다시는 재기할 수 없을 것이다.

　현재의 창조적인 생활이란 생산적인 목표를 향해 당신의 마음을 움직여 가는 것이다. 관리자라고 해서 현재에 안주해서는 안 된다. 이러한 성공의 요소를 숙지하여 좀더 큰 성공을 위해 노력해야 할 것이다.

15 성장곡선을 타라

"처음 어떤 일을 맡았을 때에는 그 일의 성격을 파악하느라 일의 속도가 느리다가 1~2년 꾸준히 그 일을 하다보면 요령도 생기고 완전히 업무 파악이 되므로 놀랍게도 능력이 향상된다. 어느 시점에서 정지해 있다가 새로운 시련을 맞이할 기회를 만들지 않으면 당신은 머지않아 퇴보해 버린다. 왜냐하면 자신의 능력을 너무 믿는 자신감 과잉증이 되어 있기 때문이다. 어느 시점에서 다시 성장곡선을 타는 자세가 필요하다."

당신이 관리자로서의 능력을 높이려면 어떻게 하는 것이 좋은가? 그 올바른 방향을 찾아내기 위해서는 무엇보다도 자기 자신의 과거의 변화가 어떻게 해서 일어났는가를 관찰해 볼 필요가 있다.

관리자로서 성장이나 변화하는 계기는 일반적으로 자기 자신이 '이런 사람이 되겠다'는 의식적인 노력에 의해서라기보다는, 타의에 의해 자기에게 새로운 일이 요구되는 환경에 놓이게 됨으로써 변화되는 경우가 많다.

관리자가 처해지는 환경으로 인하여 변화되는 정도는 몹시 크다. 어떤 사람은 원래는 입이 무거워 커뮤니케이션에는 서툰 타입이었던 것이, 공장 연락의 중추에 해당하는 부서에 배치되었기 때문에 하는 수 없이 연락을 자주 하게 되니, 짧은 시간에 요령 있게 전달하는 일에 능숙해지고 활동이 기민해지기도 한다.

또 어떤 사람은 기술은 강하지만 대인 관계에 서툴러서 내부적으로 원만치 않은 부서의 책임자로 배치되었기 때문에 큰 고생을 하게 되어, 자기도 모르는 사이에 대인 관계의 귀재가 된 경우도 있다.

이와 같이 업무 환경에 의해서 변화되는 것은 좋은 현상이다. 일이야 말로 최선의 가장 훌륭한 스승이다. 결국 일에 짓눌리지 않고 정면으로 대결하여 억지로라도 풀어나가는 노력을 계속하기만 하면, 일이 어느 사이엔가 당신 자신을 좋은 방향으로 성장시켜 주게 마련이다.

성장곡선을 달리는 사람의 다섯 가지 특징을 보자.

1. 끊임없이 경험하지 않은 문제에 부닥친다.

2. 회피함이 없이 무슨 일이든 정면으로 대결한다.

3. 억지로라도 달성하거나, 또는 어려운 사태에서 기필코 벗어난다.

4. 달성의 기쁨과 함께 자신감을 굳힌다.

5. 다시 새로운 문제를 찾아나선다.

이와 반대로 악순환에 시달리는 사람의 다섯 가지 특징을 보자.

1. 경험하지 않는 문제에 부닥칠 기회가 없다.

2. 미경험 문제에 부닥치더라도 이를 회피하거나, 상사나 부하?동료에게 전가시키거나, 아니면 몸을 사리고 만다.

3. 점차 주위 신뢰를 잃게 되고 사람을 움직이는 능력이 저하되어 일이 풀리지 않는다.

4. 성과를 올리지 못하기 때문에 자신감을 상실한다.

5. 나이와 더불어 체력과 의욕을 잃어 무사안일주의에 빠진다.

어쨌든 관리자란 어떤 노선을 걷고 있느냐에 따라 그의 장래가 결정되게 마련이다.

성장곡선을 타기 위해서는 자기 자신이 끊임없이 경험하지 않는 문제에 도전하는 정신이 중요하다.

그러기 위해서 무엇보다도 중요한 것은, 새로운 분야에 대한 제시나 의사 타진이 있을 때, 그것이 어떤 분야이든 절대 뒤로 물러서지 말고 용감히 수락하는 일이다.

경영 요원으로서 회사 밖에 나가서 일하는 것만큼 자신의 급속한 능력 개발을 위해 좋은 방법은 없다.

왜냐하면 거기에서는 경영 그 자체를 알 수가 있고, 일반적인 시야나 능력을 얻기가 쉽고, 또 자기로서도 배수진을 치고 열심히 전력 투구를 하지 않을 수 없기 때문이다.

흔히 '빛을 못 보는 부문으로 좌천되었다'는 생각에서 의욕을 잃어 신세를 망치는 타입이 있다. 설사 빛을 못 보는 부문이라도, 자기 힘으로 빛이 비추는 부문으로 만들어 놓겠다는 의욕과 기개가 있어야 한다. 그렇지 못하면 풍랑이 심한 현대의 관리자로서의 자격이 없는 것이다.

이렇게 해서 우선 자기 자신에게 무거운 짐을 지워야 한다. 그렇게 되면 필연적으로 '미경험의 과제'에 도전하지 않을 수 없고, 이것이야말로 자기 혁신의 지름길이 되는 것이다.

16 무능해진 간부를 색출하라

"정해진 일을 소일거리로 생각하고 있는 무능해진 간부는 자기의 오랜 경험에서 우러나는 새로운 아이디어나 기획을 주장할 줄 모른다. 궁리하고 머리를 쓰면 참신한 아이디어가 나올 수도 있는데 좀처럼 두뇌를 쓰려 하지 않는다. 따라서 회사에서는 높은 봉급을 지출하면서도 인적 자원의 효과면에서는 완전 마이너스인 것이다."

나날이 번창하는 회사 안에서 한쪽에서는 여름날 하품만 하고 늘어지는 병든 닭처럼 눈에는 힘이 빠지고, 머리는 굳어지며, 행동은 느려지는 간부가 있다.

사실 이런 사람을 가려내어 조처하는 것이 또한 관리자로서 임무이다.

회사의 수익성이나 성장성이라고 하는 기업의 목적에 손톱만큼도 공헌한 바 없는 무능한 간부가 단지 유들유들한 사교성 하나 덕분에 위로부터 인정을 받고 있는 경우도 허다하다.

이와 반대로 조직에 대한 충성심이 강하고 회사에서 없어서는 안 될 유능한 간부가 언제까지나 빛을 보지 못하고 그늘 속에서 맥없이 지내는 경우도 있다.

이런 불합리가 판을 친다면 회사는 쇠퇴일로의 길을 면할 길이 없다. 따라서 유능한 인재를 찾아내는 일 못지않게 무능한 간부를 색출해 내는 것도 리더십의 불가결한 요소인 것이다.

당신의 회사에 있는 무능한 간부를 찾아내려면 다음 6가지 유형에 따라 유의해 보라.

첫째, 팀장을 지내고 있으면서도 평사원의 기질을 벗지 못하는 사람.

업무를 통해 자아를 실현하고자 하는 욕구를 상실한 채 회사의 주류에서 밀려났을 때는 서류나 전표의 정리에 몰두하고, 그 이상의 일을 하려 하지 않는 타입이다.

이런 사람은 회사의 주류에서 밀려났다는 허무감을 잡다한 사무 처리로 달래려 하는 것이다.

둘째, 회의 참석에만 몰두하는 사람.

일에 대한 의욕을 잃은 공허감을 달래기 위해 될 수 있는 한 많은 회의에 참석하려 하는 회의 중독자이다.

이런 간부는 자기 책임으로 결정하고 처리하지 않으면 안 될 문제도 회의에 상정하여 공동 책임으로 하려는 의도이며, 모든 문제가 발생할 때마다 회의를 소집함으로써 부하 직원에게는 피곤한 스타일의 관리자이다.

결국 자기의 결정에 대한 책임감과 무력감과 소심함을 회피하려는 방도로써 회의를 이용하는 것이다.

셋째, 직무보다는 결혼식 등 의례적인 행사 참여를 최우선으로 생각하는 사람.

이런 사람은 자기 일에서 무언가 중요한 성과를 달성하려는 의욕이나 성취감을 느끼지 못하는 사람으로서, 그런 의례적인 행사에 참여함으로써 회사에서 자기의 체면을 세우고자 하는 타입이다.

넷째, 회사 내 정치 투쟁에 지나치게 열을 올리는 사람.

이런 사람은 사내 파벌 투쟁이나 간부 사이의 대립·갈등 등이 있으면 살맛을 느끼고 열성을 다하지만 정작 업무에는 소홀히 하며, 자기의 역할이 위축된다는 느낌이 들 때면 상사나 동료를 비방하고 근거 없는 소문을 퍼뜨리고 다니는 타입이다.

다섯째, 다른 부문의 업무에도 이래라저래라 간섭하는 사람.

이런 사람은 자기의 부하 직원이 하는 일에 대해서도 불필요한 잔소리를 끊임없이 지껄여대면서 막상 자기 업무에 대해서는 성과를 올리지 못하는 타입이다.

여섯째, 사람 만나는 것으로 업무에 지장을 받으면서도, 만나면 붙잡고 옛날 얘기로 시간을 허비하는 사람.

이런 사람은 누구라도 만나기만 하면 '옛날에는 좋았는데' 하면서 과거 자기의 업적을 자랑하느라 시간이 가는 줄 모른다. 그리고 그런 자신의 업적에 대해 회사는 자기에게 충분한 보상을 주지 않았다고 불평하면서, 지금 자기가 업적을 올리지 않는 것은 이런 회사를 도와봐야 헛수고라는 것을 알기 때문이라고 큰소리를 치는 것이다.

관리자로서 세월이 흐르면서 젊고 패기 있는 부하 직원에 대하여 불안감과 위축감을 느끼는 것은 어쩔 수 없는 일이다. 그러나 연륜과 경험을 그들은 따르지 못한다. '세월이 스승'이라는 말이 있지 않은가.

책임 있는 일에 최대한 자기를 살리려는 욕구를 놓지 말고 어떠한 일이 있어도 확실한 리더의 모습을 보여야 한다.

〈유능한 간부가 되기 위한 7계명〉

- 부하직원에게 칭찬을 자주 하라.
- 나만의 블루오션을 개척하라.
- 시간을 효율적으로 관리하라.
- 항상 메모하는 습관을 들여라.
- 프레젠테이션의 준비를 철저히 하라.
- 상대방의 이야기를 많이 들어준다.
- 날카로운 상사보다 웃는 상사가 되라.

17 두둑한 배짱, 투철한 각오

"흔히 남자의 특징은 배짱이라고 말한다. 그런데 많은 부하 직원을 거느려야 하는 리더로서는 더더욱 배짱이 두둑해야 한다. 어떤 위기에 닥쳤을 때나 중대한 일을 처리해야 할 때 당신의 배짱은 놀라운 힘을 발휘할 것이다. 그것은 태풍을 가라앉히고, 바위를 뚫는 힘과 같다."

경제 환경이 좋으면 그다지 노력하지 않아도 회사가 성장할 때가 있다. 그러나 이것은 자사自社가 뻗어가고 있는 것이 아니라, 업계 전체가 뻗어가고 있는 현상이므로 결코 자만할 일이 아니다.

불황기에 같은 업종의 다른 회사가 허덕이고 있을 때 착실하게 업적을 올리거나 호황기에 타사가 성장하는 것 이상의 성장이야말로 비로소 자력 성장이라고 할 수 있다.

아무리 환경이 좋다 해도 성장일로의 급성장으로는 균형이 깨진다. 균형이 무너지면 어딘가에 무리가 생기고, 그것이 약점이 되어 마침내 회사는 위태롭게 된다.

안정이라고 하는 것은 균형이 잡혀 있다는 뜻이고, 성장이란 그 어떤 형태로든 균형을 무너뜨리고 도약하는 일이다.

예컨대 항구에 정박하고 있는 배는 안정도는 최고이지만 전진이 없다. 바다에 나가면 큰 파도가 덮쳐와 배가 심하게 흔들릴 때가 있다. 그러나 흔들려도 빨리 원상태로 돌아가려는 노력에 의해 끄덕하지 않을 때, 이것이 바로 복원력이다.

'팔아라, 사라, 쉬어라.'

이것은 주식의 원리이다. 성장이라고 하는 것은 안정 → 불안정 → 안정 → 불안정의 과정이 되풀이되는 법이다. 높은 계단을 단숨에 뛰어 올라갈 수는 없다. 도중에 쉬면서 에너지를 축적하고 다시 다음의 전진을 준비하는 과정이 필요하다.

그러나 성장을 위해서는 자진해서 과감하게 균형을 깨뜨릴 필요가 있다. 그래서 경영자가 돈을 끌어들일 각오를 하는 것은 이 불안정에 도전하는 용기를 발휘하는 것이다. 즉, 그 불안정에 대한 책임감에서 비롯되는 것이다.

성장하는 기업의 경영자는 대부분 용기를 가지고 여러 불안정에 도전하는 것이다. 도전했다가 성공하면 자신감이 붙는다.

돈을 빌리는 쓰라림을 맛보지 않은 경영자는 성공할 수 없다고 하는 말은 그러한 과정에 의미가 있기 때문이다.

사람에게는 자기보존 본능과 유지 본능이 강하다. 그래서 일단 안정되면 가능한 도전을 피하고 계속 안주하려 한다.

회사에서는 현재의 상품이 어느 정도 팔리고 있으면 그것으로 만족하여 새로운 상품 개발에 기술과 돈, 그리고 인재를 투자하려 하지 않는다.

그러나 현재 상품의 수명은 갈수록 짧아지고 있다. 10년 전 상품의 70퍼센트가 신제품과 대체되고 있다는 것을 쉽게 잊어버리고 있다. 현재의 판매력이 몇 년이고 계속되리라고 믿고 있다면, 위기가 눈앞에 닥쳤을 때 당황하기 쉽다.

경영은 환경 적응에 의해 좌우되므로, 항상 환경에 적응하도록 한 발 앞을 달리지 않으면 안 된다. 더욱이 불안정한 채로 즉시 복원할 수 없을 정도로 전복되면 만사는 수포로 돌아간다. 경영자는 불안정성의 정도에 책임을 져야만 한다.

어느 증권 회사에서는 예산을 날씨에 비유해 '맑은 날씨의 예산', '흐린 날씨의 예산', '비 올 때 예산'을 따로 세운다고 한다. 일이 잘되어 갈 때는 그에 맞는 준비 방법으로, 약간 잘못되어 갈 때는 따로 준비해 둔 방법을 적용하고, 최악의 경우에는 나머지 노선으로 준비가 되어 있으면 어떤 사태에도 즉각적으로 대처하는 순발력을 발휘할 수 있기 때문이다.

이처럼 여러 가지 대비책을 가지고 있으면 순간에 당황하거나 약해질 이유가 없다. 그러나 당장 눈앞에 보이는 대책만 강구하고 있으면 숨이 차고 쉽게 무너지기가 쉽다.

알맞은 양의 밥을 먹고 에너지를 축적하여 착실하게 밀고 나가는 것이 숨이 차지 않는 건강하고 착실한 성공의 방법이다. 따라서 미리 일어난 사태를 세밀하게 고려하고 준비하는 일이 절대 필요하다.

보통 사람에게는 두 가지 유형이 있는데, 숙고형과 행동형이 그것이다. 여러 번 생각하는 것도 필요하지만, 지나치게 세심하면 행동이 늦어지기 쉽고, 그러다 보면 모처럼의 기발한 생각도 단지 생각으로 그치고 만다.

반대로 행동력은 있어도 세심하게 생각하는 바가 없으면 항상 차질이 생기게 마련이다. 요약하자면 행동은 대담하게, 계획은 세심하게 행하는 것이 이상적이다.

관리자로서 이 쌍방을 겸하기 위해서는 두둑한 배짱과 투철한 각오가 있어야 한다. '나비처럼 날아서 벌처럼 쏜다'는 권투 선수 알리의 말을 기억하라.

18 진정한 리더십

"뛰어난 리더십을 발휘했다는 것은 직원들이 가지고 있는 의욕
을 불러일으켜 최대한의 능력을 발휘시킴으로써 다른 때 같으면
도저히 엄두도 못 낼 커다란 업적을 성취했을 때를 가리킨다."

상대방이 지닌 잠재력을 실현시키고, 조직의 기술·지식·능력을
정해진 결과를 향해 이끌어가는 능력을 리더십이라 한다. 이것은 이미
알려진 목표와 일치하는 그룹의 필요를 실행하는 수단에 관심을 집중
시킴으로써 이루어진다. 즉, 리더십이란 지도자가 하는 일을 말하는 것
이지, 그들이 어떤 사람인가를 말해 주는 것은 아니다.

흔히 리더십이라고 하면 위에 있는 사람이 아래에 있는 사람을 리드
하고 지배하는 것이라고 생각하기 쉽다. 그러나 진정한 리더란 위에서
아래쪽으로만 영향을 미치고 있는 것이 아니다.

하나의 조직이란 글자 그대로 상·하·좌·우로 짜여 맞추어져 있
는 것이기 때문에, 리더는 단순히 부하 직원을 리드하는 것만으로는 제
대로 일할 수 없다는 사실이 분명해진다.

리더의 소임은 결국 '설득력'이므로 상사나 관리자나 노조를 설득

하여, 전체로서의 일을 부드럽게 진행시킴과 동시에 자신이 담당하는 부문의 업적을 올리는 것이다.

그러나 믿음직스럽고 덕망이 높은 리더는 위에서 신뢰받고 아래에 강해진다. 즉, 위에 강할수록 아래에도 강해진다는 법칙이 성립되는 것이다. 이것은 사장이든 대통령이든, 혹은 작은 그룹의 장이든 마찬가지이다.

뛰어난 상사는 부하 직원과 싸우지 않는다. 왜냐하면 상사는 어쨌든 지간에 부하 직원을 이기게 되어 있기 때문이다. 그래서 현명한 상사는 꾸짖기는 하지만 부하와 맞붙어 언성을 높이는 것과 같은 어른스럽지 못한 짓은 하지 않는다. 그 대신 위에 있는 사람에게는 따지고 든다. 때에 따라서는 사직을 각오하고서라도 의견을 개진하기도 한다. 상사의 이런 자세야말로 부하 직원들로서는 믿음직스럽게 보이고, 그 사람의 말이라면 무엇이든지 다 따르겠다는 기분이 되는 것이다.

그러므로 뛰어난 리더십을 발휘했다는 것은 멤버들이 가지고 있는 의욕을 불러일으켜 최대한의 능력을 발휘시킴으로써 다른 때 같으면 도저히 엄두도 못 낼 커다란 업적을 성취했을 때를 가리킨다.

아무리 힘이 세더라도 말을 강가까지 끌고 갈 수는 있지만, 그 말에게 억지로 물을 먹일 수 없다는 말이 있다. 그 이상으로 인간을 강제한다는 것은 어려운 일이다. 그러므로 어디까지나 자주성·자발성에 맡기지 않으면 안 된다.

즉, 하려는 의욕을 키워주는 풍토의 조성, 하려는 의욕의 발휘를 저지하는 요소를 제거시켜 버리고, 의욕을 불러일으키는 분위기를 만들어내는 것이야말로 리더십의 참된 모습이라고 할 수 있다.

사실 좋은 리더는 좋은 멤버, 좋은 파트너였던 사람인 경우가 많다. 좋은 리더는 자신이 부하였을 때, 어떠한 기분이었던가를 돌이켜보고, 이런 상사였으면 하는 리더의 모습에 될 수 있는 한 가까운 인간이 되려고 노력하는 법이다.

때로는 나빴던 부하, 반항적이었던 부하가 리더가 되어 오히려 뜻밖에 훌륭한 리더십을 발휘하는 경우도 있다.

왜냐하면 자신이 부하였을 경우 리더의 방식이 나빴고, 그렇기 때문에 반항도 했지만, 자신은 그러한 리더가 되지 않겠노라고 마음속으로 맹세한 바를 실천하기 때문이다. 예를 들면 술주정이나 하면서 아내를 괴롭혔던 사람의 자식이 성장하여 성실한 성인으로 되는 것은 '나는 이 다음에 저런 아버지가 되지 말아야지' 하는 통렬한 체험을 실천했기 때문이다. 리더도 마찬가지이다.

그래서 막상 리더가 되어 보면 리더의 어려움과 중요성을 인식하게 되고, 리더에 대한 이해와 지지도 높일 수 있다. 마치 자식을 낳아보면 부모 마음을 알게 된다는 이치와 같이, 부하를 가져보면 리더의 고마움과 괴로움을 이해할 수 있게 되는 것이다.

기본적으로 부하 직원은 다음의 다섯 가지 욕구를 가지고 있다는 사실을 기억하라.

첫째, 인정받고 싶어한다.

둘째, 공평하게 대우받고 싶어한다.

셋째, 목표를 부여받고 싶어한다.

넷째, 가르침을 받고 싶어한다.

다섯째, 일에 대한 보람을 느끼고 싶어한다.

이러한 부하 직원이 갖고 있는 욕구를 염두에 두고서 업무를 처리한다면 진정한 리더의 역할 수행에 성공을 거둘 것이다.

　그러므로 부하로서의 경험이 있는 리더라면 누구나 쉽게 깨달을 수 있는 항목이면서도, 또한 쉽게 잊어버리기 쉬운 인간의 기본적인 욕구라고 할 수 있다.

19 **탁월한** 지도자가 되는 원리

"루스벨트는 대통령직에 있을 때 어떤 난관에 부딪칠 때마다 언제나 거실 벽에 걸려 있는 링컨의 초상화를 쳐다보며, '링컨 같으면 이 문제를 어떻게 처리할까?' 하고 생각해 보는 것이 습관이었다고 회고하였다."

"탁월한 지도자가 되려면 어떻게 해야 좋은가?" 라는 질문에, 헨리 포드는 다음과 같이 말한 바 있다.

첫째, 차분하라.

자기 자신과 주변을 언제나 깨끗하게 정돈할 것.

질서 · 정돈 · 차분하다는 것은 능률을 발휘하는 데 크나큰 효과를 나타낸다.

자기와 자기가 쓰고 있는 도구를 언제나 깨끗하게 하는 사람은 좋은 일을 할 수 있다.

난잡하게 일을 하고 있다는 것은 다시 말해서 원재료의 낭비나 혹은 정신적·육체적 낭비를 의미하며, 또는 그 두 가지가 다 존재하고 있다는 것을 의미한다.

둘째, 무엇이고 새로운 일을 시작할 때는 먼저 지금까지 해온 사람들의 일을 충분히 살펴 연구하라.

이것은 매우 중요한 사항으로서, 포드의 경험담은 이러하다.

"나는 언젠가 일류 기계설계 기사를 고용하여 직물 기계의 개량을 부탁한 적이 있었다. 나는 그 기사에게 지금까지의 어떤 직물 기계보다 우수한 기계를 만들어 달라고 의뢰했다. 그런데 그는 딴 기계에 대해서는 일류였지만 직물 기계의 설계는 처음이었다.

나는 그에게 모든 것을 백지 상태에서 출발할 것을 약속해 달라고 했다. 그 결과, 그는 현재 나와 있는 직물 기계에 대한 예비적 연구는 전연 하지 않고 막대한 경비의 후원을 받으면서 지금까지 나와 있는 기계는 거들떠보지도 않고 일을 하였다.

그 결과, 그렇게 많은 경비와 시간을 들여 만들어진 것은 여태껏 세상에서 쓰이고 있는 직물 기계에 비해 별로 우수한 것이 못 되었다. 결국 그 기사의 노력은 허사가 되었다."

이처럼 새로운 일을 시작하려면 그 일에 대해서 업적을 남긴 사람들이 한 일을 충분히 검토한 후에, 다른 사람이 끝낸 지점에서부터 출발해야 한다.

이렇게 해야만 비로소 여태까지 이루어진 것보다 더 앞으로 나아갈 수가 있는 것이고, 더 뛰어날 수가 있는 것이다.

셋째, 연구를 실행으로 옮겨라.

아는 것을 실행하라. 지식을 최대한으로 활용하라. 실행을 함으로써 더욱더 알아야 될 것이 발견되는 것이다.

넷째, 자기가 결심한 것에 대하여 자기의 능력을 의심하지 말라.

물론 사람에게는 능력의 한계라는 것이 있지만 그 한계라는 것이 어디 있는지 누구도 모르는 일이기 때문이다. '사람은 누구나 자기가 생각하고 있는 것보다 더 큰 일을 해낼 수 있는 것이다.

다섯째, 모든 돈을 자기의 지위 향상을 위하여 아끼지 말라.

자식을 학교에 보내는 것은 그 자식에게 자본을 투자하는 것이다. 이와 마찬가지로 자기 자신의 향상을 위하여 돈을 쓰는 것은 너무도 필요한 일이다.

돈을 모아서 무슨 필요가 있는가. 특히 젊은이가 해야 할 것은 현재 돈을 모으는 것이 아니라, 그것을 사용하여 장차 쓸모 있는 사람이 되기 위한 훈련과 지식과 경험을 쌓는 것이다.

옛날에는 노후에 곤란하지 않도록 돈을 모으라고 아이들에게 가르쳤었다. 그러나 돈을 아무리 많이 은행에 저축하여도 그것으로 창의력이나 지도자의 자격이 양성되지는 않는다는 사실에 유념해야 한다.

다른 사람보다 앞서기 위해선 무언가 다른 사람보다 더 알고, 더 익혀야 할 것이 많은 법이다.

그러므로 당신은 다음의 말을 기억해야 한다.

"당신의 돈을 써라. 향상을 얻을 수 있는 일에 돈을 써라. 유용한 일에 쓰고도 남는다는 것은 장래에 할 소리이다."

20 **리더의** 세 가지 타입

"계속해서 밀려닥치는 일에 눈코 뜰 새 없는 상태에서도 일단 일손을 멈추고 어떻게 하면 피동적인 상태에서 벗어날 수 있는 가를 진지하게 생각해 보지 않으면 안 된다."

모든 관리자를 그들이 현재 처해 있는 상태에 따라 분류해 본다면 다음 세 가지 그룹으로 나눌 수 있다.

첫째 그룹은, 날마다 일에 쫓겨 허덕이고 있는 사람들이다.

자기가 맡은 분야에 계속 문제가 일어나고 해결에 쫓기다 보니 전혀 자기의 페이스로 일을 하지 못한다. 또는 자기가 멍청히 있기 때문에 상사로부터 계속 해결해야 할 문제들을 받게 되고, 그것을 처리하는 것만으로 힘에 겨운 상태에 있는 사람들이다.

이런 사람은 항상 일에 대한 중압감에 시달리고 있기 때문에 모든 일에 방어적으로 나오게 된다. 부하가 적극적인 제안을 하거나 동료로부터 새로운 시도에 대한 의견이 나오면, 그렇지 않아도 일에 시달리고 피동적인 데다가 새로운 일에 손대는 것이 괴롭고 싫어서 곧 거부하는 태도를 취한다. 어떠한 제안도 어렵다고 하거나, 할 수 없다고 말한다.

그러므로 계속해서 밀려닥치는 일에 눈코 뜰 새 없는 상태에서도 일단 일손을 멈추고 어떻게 하면 피동적인 상태에서 벗어날 수 있는가를 진지하게 생각해 보지 않으면 안 된다.

그런 상태에서 오직 환경에 밀려가기만 하는 것, 이것도 다른 의미의 태만이라 할 수 있기 때문이다.

일에 쫓기어 허덕이는 상태라면 우선 '언제까지는 일에 쫓기지 않는다'는 목표를 스스로 결정하고 사태 전체를 냉정히 검토하여 빨리 자기 페이스를 되찾는 계획을 수립하는 것이 중요하다.

둘째 그룹은, 일에 쫓기지는 않지만, 자기의 힘을 다하여 달성하려고 하는 자주적인 목표가 없는 사람들이다.

여기에 해당하는 사람은 제3자가 얼핏 보기에는 안정된 페이스로 달리고 있는 것처럼 보인다. 또 본인도 '이것이 샐러리맨 생활이란 거야' 하고 단정하고, 긴장도 감동도 없는 안일한 일상을 보내고 있다.

이런 사람은 일에 별로 흥미가 없다. 새로운 일에 도전할 생각이 전연 없고, 단지 자기가 이제까지 경험한 범위 내의 일만을 매일같이 되풀이하고 있으니 그럴 수밖에 없는 것이다. 이 그룹의 사람은 나이를 먹어감에 따라 더욱 활기를 잃고 새로운 자신감이 솟아나는 일도 없어, 시간의 경과와 더불어 비참한 관리자로 전락할 위험이 높다.

셋째 그룹은, 자신이 자기 분야의 본질적인 문제점을 찾아내어 언제까지 어떤 상태로 끌고 가겠다는 결심을 굳히고, 그 목표를 달성하기 위하여 온갖 힘을 경주하는 사람들이다.

이런 사람은 피동적으로 움직이는 것이 아니라, 자기 자신이 능동적으로 일을 잡고 뒤흔든다.

이런 사람은 자기가 해야 할 일을 스스로 발견하여 그 성패에 자기를 걸고 일하므로 일에 흥미도 따른다. 바쁘면서도 활기에 넘치는 상태에 있는 사람은 대체로 이 그룹에 속한다.

물론 일에 쫓겨 허덕이는 상태에 있는 사람이라고 하여 모두 나쁜 것만은 아니다. 자리가 바뀌어 무심히 발들여 놓은 부문이 엉망이어서 처음부터 일에 쫓기는 수도 있다. 또 일에 쫓기는 것은 아니지만, 주위 환경 때문에 자기의 목표를 쉽게 세울 수 없는 경우도 있다.

그러나 어쨌든 관리자는 다른 사람의 지시로 움직이는 사람이 아니라는 사실을 명심하라. 자기의 담당 분야에서 스스로 문제를 찾아내고 무엇인가를 이루어내야 하는 사람인 것이다.

별 말썽은 없으니까 그저 일상 업무나 실수 없이 유지해 나가면 된다는 생각은 처음부터 잘못된 것이다.

스스로 능동적으로 문제를 찾아내고, 목표를 결정하고, 적극적으로 그 목표를 달성하도록 노력하고 있어야만 비로소 관리자라고 말할 수 있다.

일에는 순서가 있다는 불변의 원칙을 잊지 않고 목표 지향형으로 나아가면, 부정적이고 퇴보적인 첫째, 둘째 그룹의 사람들도 변화될 수 있다. 오늘날의 관리자가 단순한 심부름꾼이라고 한다면 얼마나 아이러니컬한 얘기인가.

자기 담당 부문에 관한 한, 회사가 아무리 커도 자기만큼 정통한 사람은 없다는 자각이 중요하며, 스스로 문제를 만들어내어 언제까지 어떤 상태로 하겠다고 스스로 결심한 후, 그 실현을 위하여 싸워 나가야 한다.

Step 2

리더 vs 패자
 - 처세의 차이

21 **새로운** 리더십의 패턴

"리더십이란 상사와 부하, 명령과 복종, 인화 단결 등의 낱말이 연상된다. 그러나 사실 리더십이란 팀장과 팀원, 설득과 이해, 팀 워크, 조직체라는 낱말에 더 어울린다.

다시 말해서 자기를 죽이는 것이 아니라, 자기를 주장하여 개성 을 살리고 주체성을 발휘하면서, 전체로서 통합되고 협력해 갈 수 있는 팀워크를 구성하는 데 있다. 따라서 리더십은 인간적이 고 인격적이며, 상하의 뚜렷한 분별이 없으며, 역할의 차이가 있 을 뿐이다."

시대가 급속히 변화하는 데 따라 관리자의 면모도 새로운 관리자상 으로 발전해 나가야하므로, 모름지기 관리자라면 다음과 같은 새로운 리더십의 패턴을 익혀 실천해 나가야 한다.

첫째, 개인이 아닌 집단의 관리를 한다.

지금까지의 개인 대 개인의 관리는 어떤 문제가 생기면 개인적으로 주의를 준다는 방식이었다.

그러나 집단 관리의 방식에서는 어떤 문제가 생겼을 때, 이를 개인의 문제로 다루지 않고 그룹의 문제로 다루어, 그 원인이나 대책에 대해 그룹 토의를 한다.

각 개인이 하는 일을 관리자 한 사람이 관리하는 것이 아니라 그룹이 관리한다는 방식을 취하는 것이다.

둘째, 상호 지지의 원리를 적용한다.

지금까지는 관리자는 일방적으로 명령하고 그 명령의 실행을 확인한다는 방식을 취했다.

그러나 새로운 리더십의 패턴에 있어서는 관리자는 멤버와 인간적인 접촉을 도모하고, 상황이나 방침을 잘 설명하며, 부서장은 부하 직원을 돕고, 부하 직원은 팀장을 돕는다는 상호 지지의 원리가 확립되어야 한다.

셋째, 적극적인 참가를 유도한다.

사원들은 일방적으로 위에서 내려온 명령에 따라 움직이는 것이 아니라, 업무의 목표, 방법의 변경, 업적의 검토 등에 적극적으로 참가하는 방법이다. 이렇게 함으로써 직원들의 사기가 높아지고, 동시에 생산성도 높아지는 것이다.

조사 결과, 사기가 낮은 직원들에게서 나오는 이야기를 종합해 보면 대개 다음과 같은 의견이었다.

1. "팀장은 뭔가 잘못된 일이 생기면 전부를 모아놓고 야단만 친다."
2. "동료나 직원의 공과를 팀장 혼자 독차지한다."
3. "모두 힘을 합해 그룹의 목표를 달성하려 하거나 서로 도우려는 분위기가 없다."
4. "우리들의 상담에 잘 응해 주지 않는다."
5. "제안을 해도 잘 받아들여지지 않는다."
6. "기회가 된다면 다른 직장으로 옮기고 싶다."

반면에 이런 직장의 관리자의 리더십 패턴을 분석해 보니, 다음과 같은 결과가 나왔다.

1. "리더는 안정성만을 강조하면서 부하 직원만 들볶는다."
2. "일의 목표는 위에서 일방적으로 결정될 뿐이다."
3. "한 달에 한 번 열리는 간담회가 단 10분 만에 끝나 버린다."
4. "부하 직원들로부터의 제안은 거의 없다."
5. "부하 직원의 상담을 받아주는 일은 거의 없다."
6. "부하 직원과 대화를 하는 등의 인간적인 접촉은 거의 없다."
7. "직장 밖에서의 레크리에이션 활동은 거의 하지 않는다."

이런 관리자의 리더십은 모든 부하 직원에게 상처를 주지 않겠다는 인간 존중을 모토로 하고 있는지도 모른다.

그러나 인간 존중이란 모든 형태의 리더십의 기초가 되어야 한다. 아무리 인간 존중이 기초가 되었다고 해도 부하 직원에 대한 관리가 존재하지 않는 직장에서는 리더십도 그 기능을 제대로 발휘할 수가 없는 것이다.

한마디로 이런 관리자는 빵점짜리 관리자라고 할 수가 있다.

22 리더의 역할

"뛰어난 리더일수록 기꺼이 멤버와 상담한다. 멤버는 파트너라고 불리지만, 협력자라는 의미도 되므로, 무슨 일이든 상담한다는 것은 오히려 당연한 일이다. 진정한 리더는 부하 직원이나 멤버와 상담하는 것을 꺼려선 안 된다."

리더십이란 집단의 목표를 달성하기 위하여 구성원이 연대감을 가지면서 각자의 능력을 충분하게 발휘할 수 있도록 돕는 능력을 말한다.

그러므로 리더라면 다음 세 가지 역할을 수행해야 한다.

첫째, 그룹의 존재 의미를 명확히 인식시킨다.

자기가 리드를 맡고 있는 그룹이 무엇을 하려 하는가, 무엇 때문에 이 그룹이 존재하고 있는가를 정확하게 알고 있어야만 한다.

똑같은 그룹이라도 세월이 흐름에 따라 처음의 목적이 흐려지고, 새로운 목적이 부각되는 경우가 있다. 따라서 리더는 그룹의 목적을 그때그때마다 전 멤버에게 철저하게 주지시켜야 한다.

둘째, 역할의 분담을 체크한다.

집단 목표의 달성을 위해서 모든 멤버가 일을 분담하게 되는데, 각자 맡은 역할을 수행한다는 역할의 약속이 혼란스럽게 되지 않도록 하는 것이 또한 리더의 역할이다. 즉, 그룹을 하나로 뭉치게 하는 일이다.

역할을 혼란시키지 않기 위해서는 먼저 각자의 역할에 알맞은 권한과 책임을 확실하게 해놓아야 한다. 그렇지 않으면 서로 남의 일에 간섭하게 되고, 책임을 전가시키는 소지가 된다.

권한과 책임을 일람표로 만들어 놓으면 그 뒤는 부드럽게 진행되어 갈 것 같지만, 실제로는 그렇지가 않다. 리더가 끊임없이 관찰하고 있지 않으면 한순간에 혼란이 일어난다.

그러므로 만일 리더가 전쟁터의 장군처럼 선두에서 등을 돌리고 혼자서만 역주하다가는 위험한 경우가 발생한다. 오히려 멤버를 향해 앉아 모든 사람의 역할 수행 상황을 체크해야 하는 것이다.

역할이란 권한과 책임의 약속이지만, 이것이 분명히 규정되어 있더라도 예상 밖에 제대로 수행되지 않는 경우가 있다. 예컨대 아무리 지능이 높을지라도 가정에 복잡한 문제가 있으면 학업 성적이 저하되는 학생과 같이, 멤버 사이에 감정 문제가 얽혀 있는 경우가 그것이다.

부장을 싫어하고 있는 부장대리는 보좌의 역할을 다하려 하지 않는다. 부서원에게 열등감을 갖고 있는 과장은 부하 직원을 칭찬해 주지 않으므로 부하 직원은 재미가 없다. 즉, 역할 수행의 의욕이 솟아나지 않는 것이다.

그러므로 리더는 끊임없이 멤버들의 감정 교류는 어떻게 되고 있는가에 관심을 가지고, 어떻게 하면 화기애애한 분위기가 될 것인가를 연구하지 않으면 안 된다.

셋째, 멤버의 개인적 사정을 배려한다.

한 사람 한 사람의 흥미와 능력과 현실 조건이 충족되도록 배려하는 일이다.

예를 들면 그림 그리기를 좋아하는 멤버에게는 사보의 삽화를 그리게 한다든가, 말은 서툴지만 사고력이 있는 멤버에게는 기획을 맡게 한다든가, 가만히 앉아 있으면 좀이 쑤셔 들썩거리는 멤버에게는 적당한 섭외 일을 맡게 한다든가, 자녀가 병원에 입원하고 있는 사원에게는 출퇴근 시간을 어느 정도 조정해 주는 일 등이다.

모든 사람은 직장 생활을 통해 자기 자신도 성장하는 동시에 개인적인 기본적인 욕구가 충족되는 직장에서 일하고 싶어한다.

그렇기 때문에 리더는 생산성의 향상만 부르짖을 게 아니라, 당근과 채찍을 양손에 쥐고 멤버 한 사람 한 사람의 비위를 맞추어 주는 부드러움을 지녀야 한다.

한 집단의 목표라고 하는 깃발을 높이 쳐들고 멤버를 독려할 때는 아버지, 임무의 수행 상황을 관찰할 때는 냉정한 과학자, 한 사람 한 사람의 개인적인 사정을 돌봐줄 때는 어머니와 같은 모습으로 변할 수 있는 사람이야 말로 바로 진정한 관리자이다.

23 **리더가** 되고 싶은 심리

"리더가 되고 싶은데 현실은 그렇지 못할 때 사람들은 세상을 원망하게 된다. 그래서 스스로를 추켜올리는 자화자찬을 하기 일쑤이다. 사람들이 알아주지 않으므로 자기 혼자서라도 기세를 올리려는 심리이다. 그러나 이런 자세는 건설적인 것이 아니다. 비록 자기만 낙오되어 버리는 것 같은 암울한 현실 속에 살고 있을지라도 언젠가 다가올 내일을 위해 묵묵히 실력을 쌓아나가야 한다."

한 학생이 〈장래 희망〉이라는 작문 속에서 이렇게 썼다.

"나는 사람들 위에 서는 사람이 되고 싶다."

그러자 선생님은 의견란에 이렇게 기록했다.

"그것은 오만이다. 사람들의 소금이 되라!"

그 학생은 풀이 죽어 그 후로는 공부를 하지 않게 되었다.

철학자 니체는 '권력에의 의지' 라는 말을 했다. 어떠한 인간을 막론하고 열등감이 있어서 이를 극복하고 훌륭한 인간이 되고 싶다는 욕구가 있는데, 이것을 바로 '권력에의 의지' 라는 용어로 명명했다.

따라서 사람 위에 서는 인간이 되고 싶다는 욕망은 인간으로서는 지극히 당연한 욕구인 것이다. 부서장이 되는 것이 싫다고 말하는 사람이라도 회계 책임자·선전 책임자 등의 일을 맡으면 의외로 좋아하는 것을 볼 수 있다. 책임자라면 일단 그 일에 관한 한 자기가 최고라고 생각하기 때문이다.

그러므로 리더가 되는 것은 싫다, 리더를 맡고 있는 사람은 속물이라고 말하는 사람도 사실은 어떠한 방법으로든지 리더를 맡고 싶어하는 속마음을 가지고 있는 것이다.

리더는 자신이 리더인 것에 대해 조금도 죄책감 같은 것을 느낄 필요가 없다. 그럼에도 불구하고 어떤 그룹이 한 자리에 모였을 때 상석上席에 앉기를 주저하는 리더가 있다. 이것은 자기의 역할을 받아들이지 않는 것이 된다.

그렇게 하는 것이 겸손한 태도라고 생각할지 모르지만, 겸손도 지나치면 보기 싫을 뿐 아니라, 어떤 의미에서는 리더로서의 도피 행위가 되는 것이다.

그러므로 자기가 바로 리더임을 자타에 선언하는 것도 의미가 있으므로 가장 돋보이는 장소에 여유 있게 자리를 잡고 앉는 것이 좋다.

리더란 자극이 심한 임무이다. 때로는 권한도 잊고, 책임도 잊고, 다 떨쳐버리고 홀가분해지고 싶겠지만, 기본적으로는 삶에 대한 의욕의 원동력이 되어주는 역할임에는 틀림이 없다.

그럼에도 여전히 리더를 거부하는 사람도 의외로 많다.

"좋아하는 인간에게 맡겨."

"그 녀석이 좋아하는 일이니……."

"내가 안 해도 할 사람 있는데……."

라는 식으로 리더를 맡고 있는 사람을 냉소하는 경우도 적지 않다.

또 이상하게도 '부副' 자가 붙는 자리를 좋아하는 사람도 있다. 리더십을 잡는 데 전혀 아무런 열등감도 가지고 있지 않은 사람인데도 리더를 맡는다는 것을 두려워하여 사장보다는 부사장, 부장보다는 차장, 위원장보다는 부위원장이 되고 싶어한다.

이런 사람은 말하자면 아버지의 역할이 아니라 어머니의 역할을 하려는 사람이라고 할 수 있다. 무엇인가 잘못을 하거나 실패를 하더라도 책임을 져줄 다른 사람이 있기를 바라고, 그래서 책임의 양과 질이 가볍기를 바라는 마음이 있기 때문이다.

분명 따로 의지할 사람이 없다는 사실은 불안스런 일임에 틀림없다. 그래서 리더를 맡는다는 것은 어느 정도 외톨이가 되는 불안, 외로움을 견뎌낸다는 것을 의미한다.

이런 사람은 사람 위에 서는 것을 싫어한다. 이런 사람이 리더가 되면 고독과 불안을 견디지 못하고 노이로제가 되는 경우도 있다.

리더가 되고 싶지 않은 사람이 리더가 되면 개인적인 문제 외에도 회사쪽에서도 여러 가지 문제가 많이 생긴다. 회의에는 언제나 지각이다. 그가 자리에 앉아야 비로소 회의가 시작되는데, 마치 대통령의 임석을 기다리는 국무회의 같다.

이런 태도는 목표 지향성으로 구성된 그룹의 멤버로서 취할 자세가 아니다. 그러나 그에게는 그 자리 자체가 부담이므로 웬지 회피하고 싶은 심리 때문에, 남들보다 앞서고 남들보다 열성적인 자세를 보일 수가 없는 것이다.

리더가 되고 싶은 사람이 리더가 되고, 리더가 되고 싶지 않는 사람은 리더가 되지 않는 것이 바람직하므로 자신의 성향을 잘 살펴야 할 일이다.

기업에서 리더의 자리는 마치 한 나라의 대통령과 같은 자리다. 리더로서의 자격이 없는 사람이 리더의 자리에 앉았을 때 어떻게 되는가는 한 나라의 지도자를 보면 명확히 알 수 있지 않은가. 나라의 흥망성쇠가 지도자에게 달려 있는 것은 너무도 당연한 일이다.

24 **게릴라** 리더십이란

"무엇보다 조직에 유연하고, 임기응변에 능하며, 인간성이 흐르는 리더십, 높은 목표와 급소를 발견했을 때의 집중력이 리더십의 기본임을 명심하라."

제2차 세계대전의 승전국이며, 명실공히 세계 최강의 미국군이 어떻게 해서 허술하기 짝이 없는 일개 베트콩에게 패배해야 했던가?

미국 국방부에서는 미군이 베트남 전쟁에 본격적으로 개입할 때 머지않아 베트콩을 무찌르고 귀국하여 크리스마스 파티에서 칠면조 고기를 먹을 수 있다고 단언했었다.

그러나 그 예측은 크게 빗나가고 말았다. 10년 동안 2천 억 달러라는 거대한 전비戰費를 투입하고, 10만 명의 사상자를 내면서도 승리하지 못한 채 굴욕적인 전면 철수를 단행하지 않을 수 없었던 이유는 과연 어디에 있었을까?

후에 그 이유를 분석한 언론 자료에 따르면, 다음 세 가지 중요한 원인이 있었던 것이다.

첫째, 미국군을 크게 분발시킬 만한 대의명분이 없었다.

둘째, 컴퓨터를 활용하지 못했던 베트남인들의 자존심이라든가, 애국심을 파악하지 못했다.

셋째, 양적으로는 압도했지만, 게릴라라고 하는 질적인 면에서 뒤떨어졌다.

'게릴라전' 이라는 싸움의 방식은 비록 전체적으로는 열세이더라도 부분적으로는 우세한 능력을 보이며, 적시적소에서 단기간에 주도권을 장악할 수 있는 스피드와 타이밍에 뛰어난 리더십의 전쟁을 일컫는 말이다.

베트콩 게릴라군은 아군에 비해 어마어마하게 많은 숫자의 비행기·전차·대포가 무자비하게 공격해 오자, 마치 수풀 사이로 잽싸게 도망치는 메뚜기처럼 몸을 가벼이 살짝 대군을 피해 통과시켰다. 그리고는 빈약한 무장으로 미군의 신경중추에 해당되는 통신 부대를 습격하였다.

신경이 마비된 미군은 일대 혼란을 일으켜 오히려 자기편을 공격하기에 이르렀다. 이런 방법에 희생된 미군의 수가 무려 전체의 10퍼센트에 이르렀다고 한다.

1년만 버티면 고액의 수당을 받고 본국으로 돌아가리라고 예상했던 미군 병사는 최전선에서도 뜨거운 커피와 영양 많은 식사를 요구했고, 그런 호화스런 대접 때문에 보급 부대의 수는 엄청나게 불어나게 되었다.

이에 비해 게릴라군은 무기도 식량도 없는데다 증원군도 기대할 수 없었으며, 도망칠 수 있는 나라라도 따로 준비되어 있는 상태가 아니었다. 무기든 식량이든 스스로 조달하거나 적으로부터 빼앗을 수밖에 다른 방법은 없었던 것이다.

그들은 오랜 세월에 걸친 실전 경험에다가 프랑스·일본을 차례로 무찔렀다는 자신감에 차 있었으므로, 마치 기름에 불을 붙인 듯한 투지에 차 있었으며, 민중의 우호적인 지지를 받고 있었던 상황에 힘입어 하나의 강력한 지원 부대를 형성하고 있었다.

그러나 미군은 낭비와 날로 늘어가는 사상자 때문에 내부적인 붕괴를 불러일으켜서 더 이상 싸움을 계속할 수 없는 상황이 되기에 이른 것이다.

이 미국과 베트콩의 전쟁을 통해 리더십에 관한 몇 가지 교훈을 얻을 수 있다.

대기업을 공룡, 중소기업을 약삭빠른 치타에 비유하기도 하는데, 몸통이 아무리 거대하다 해도 신경 전달이 나쁘거나, 냉혈이라면 재빨리 대처할 수 없어서, 뜨거운 피가 흐르는 작은 벌레 한 마리도 당할 수 없는 상황이 된다.

이처럼 무엇보다 조직에 유연하고, 임기응변에 능하며, 인간성이 흐르는 리더십, 높은 목표와 급소를 발견했을 때의 집중력이 리더십의 기본임을 명심하라.

25 개인보다 그룹으로 관리한다

"책임자가 한 사람의 개인을 불러 의견을 묻거나 책망을 하거나 할 때는 많은 문제가 발생한다. 이런 일은 자칫 오해의 소지도 있고, 뚜렷한 전달의 의미도 불분명하다. 그러나 멤버 전체를 소집해 토의하거나 문제를 해결하려는 태도는 맨투맨의 방법보다 훨씬 더 효과적이다."

관리직이란 많은 부하 직원을 통솔하고 이끌어야 하는 사람이다. 간부로서 가장 중요한 일의 하나는 '부하 직원의 일을 응원해 주는 일'이다. 이런 중대한 일에 실패하면 간부와 부하 직원간의 신뢰감이 끊어져 버리고 만다.

부하 직원을 지도함에 있어서 관리직 단계에서는 개인 대 개인의 관리 방식을 선택할 필요가 있다. 다시 말해 상사는 부하 한 사람 한 사람의 개인을 파악하고, 개인을 육성하고, 개인을 움직여 갈 필요가 있는 것이다.

이에 대하여 현장의 작업 집단일 경우에는 개인 대 개인의 관리방식으로 개인을 움직이는 것보다 집단 관리의 방식으로 집단 전체를 움직이는 것이 효과적이다.

A 회사의 한 부서의 리더는 20대 젊은 사람으로서 전문대학 출신이다. 이 책임자는 개인 대 개인의 관리가 아니라, 이른바 집단 관리의 방식을 취하고 있다.

그의 부하 직원은 54명, 이 부하 직원을 3개의 그룹으로 나누어 각각의 팀장을 두고 있는 것이다.

하나의 공정에서 누가 실수를 범하거나, 누군가가 불만을 말하면, 바로 그 그룹 전원과 팀장을 모아놓고 전체의 문제로서 집단 토의를 한다는 방식을 취한다. 즉, 한 사람이 실수를 범했을 경우에 책임자는 그 개인을 불러 주의를 주지 않는다. 왜냐하면 실수를 범한 한 개인을 불러 문책을 한다면, 그 사람은 체면이 깎일 것이고, 그렇게 되면 점점 예민해진 나머지 오히려 더 많은 실수를 범하는 결과를 낳기 때문이다.

그러므로 어떤 문제가 생기면 바로 그룹 전원을 모아놓고 전체의 문제로서 토의하는 것이 바람직하다.

각 분담의 책임자는 이 그룹의 토의를 리드해 가면서 궁극적으로 도달해야 할 결론과 자각의 방향으로 그룹 전원이 스스로 움직여 가도록 하는 데 그 목적을 두는 것이다.

그렇지 않고 만일 사무실에서 정적인 업무를 수행하는 관리직일 경우에는, 필요한 때에 팀 전부를 한 자리에 모아놓고 회의를 하더라도 생산의 흐름이 정지되는 것은 아니기 때문에 팀 전체의 문제를 해결하는 데 훨씬 더 유리한 입장에 있다.

그러나 만일 현장의 작업 집단일 경우에는 작업 시간에 그룹 전원을 모이게 할 수는 없다. 왜냐하면 현장의 기계를 떠난다는 것은 생산의 흐름을 정지시키게 되기 때문이다. 이러한 현장 책임자는 주야반이 교대하는 짧은 시간을 이용하거나, 막간의 휴게시간을 이용하면 된다.

그리고 관리직에 있는 사람은 팀워크를 위한 노력도 기울여야 한다. 예를 들면 그룹 전원이 함께 캠핑을 간다든가, 전원이 참가하는 야유회·운동회 등 정신적인 팀워크를 다지기 위한 다양한 프로그램을 전개할 필요가 있다.

한 개인보다는 이렇게 집단으로 관리를 하게 되면 직장 문제에 관한 한 그룹 전체가 공통의 관심을 갖게 되고, 따라서 한 사람에 관한 문제라도 전체의 문제로 받아들임으로써 훨씬 더 향상된 업무 실적을 올릴 수 있게 되는 것이다.

또한 서로의 의사소통도 더욱 활발해진다. 서로가 의견을 내고 있는 사이에 서로가 영향을 주고, 모든 멤버의 단결력이 높아지질 뿐 아니라, 그룹의 목표를 달성하고자 하는 강한 협력의 본능이 모든 사람들로부터 우러나오게 되는 이점이 있다.

일반적으로 간부가 되기 전에 오랫동안 전문적인 일에 종사한 사람들은 자기가 하는 일에만 정통하고 열중하여 부하 직원의 애로사항을 깨닫지 못하고, 혼자 독보적인 인물로 남고자 하는 바람 때문에 그룹 관리체제를 활용하지 못하는 경향이 있다.

그러므로 한 개인이 아니라 전체를 볼 수 있는 관리자, 나보다는 팀의 결속을 꾀할 줄 아는 관리자가 되어야 한다.

26 **언제나** 용건은 짧게

"말로써 말 많으니 말 않을까 하노라 하는 속담은, 말이 많다 보면 아무래도 실수가 많아진다는 뜻도 내포되어 있다. 특히 간부가 지나치게 말이 많아 수화기를 들고 1시간씩 수다를 떨다 보면 정작 상대방과의 대화에서 필요한 효과를 기대할 수 없다. 그러므로 용건은 간단히, 빠르고 정확하게 전달한다."

B 회사의 전무는 성격이 좀 급한 편이지만, 작은 기업을 오늘날 굴지의 회사로 이끌어 온 공로자로서, 모든 사람들의 존경을 한몸에 받고 있다.

전무에게는 이 회사 창설 이래로 허다한 '전설'이 있지만, 특히 사내에서는 '5분간'이라는 별명으로 통하고 있었다. 그것은 이 전무에게 가서 보고를 하거나 결재를 받거나 할 때는 한 사람이 5분 이내로 용무를 끝내야 한다는 원칙 때문이다.

그는 입버릇처럼 말했다.

"간부란 아무리 복잡한 용건이라도 그 상황이나 전말, 거기에 대한 자기의 의견 등을 5분 이내에 완전무결하게 설명할 수 있어야 합니다."

그는 우물우물 요점이 없는 말을 싫어하며, 이야기에 요령이 없을 때는,

"다시 한 번 생각해 가지고 오시오!"

하고 잘라 버리는 것이다.

그리고 전무 자신도 이런 점에서는 모범을 보였다. 부하들에게 하는 설명은 언제나 간단 명료하여, 시간은 짧았어도 부하들이 방침에 대하여 혼란을 느끼는 일은 없었다.

결재를 내리는 일은 상대방의 이야기를 듣는 시간까지 포함해서 아무리 길어도 15분 이내에 'OK냐, NO냐, 보류냐'를 결정하는 것을 원칙으로 삼았다.

그 자신이 이런 식이었기 때문에 부하 간부들은 어물어물하고 있을 수가 없었다. 머리를 언제나 완전히 회전시켜야 했고, 행동이나 대화에는 스피드가 있어야 했기 때문에, 이 회사에는 언제나 활기에 넘치는 전통이 서게 되었다.

현대 기업의 필수요소는 스피드이다. 신속한 연락과 보고, 즉각적인 상호 반응, 생각과 행동의 직결, 이런 스피드가 없으면 그 생명을 잃을 위험성이 있다.

지루할 정도로 회의를 끌고, 그러면서도 결의된 것이 있는지 없는지조차 분간할 수 없는, 그런 회의를 태연하게 되풀이하고 있는 회사라면 틀림없이 그 업계에서 뒤떨어질 운명에 처해 있음이 분명하다.

이처럼 일의 회전 속도에 스피드가 요구됨에 따라, 한편으로는 주의를 요할 일이 생긴다. 그것은 비즈니스를 위한 냉정한 스피드가 아니

라, 거기에 감정적인 요소가 들어가는 일이다.

간부란 언제나 마음이 초조한 상태에 빠지기 쉽다. 부하의 이야기가 조금만 긴 듯하면 곧,

"그래서 어떻다는 겁니까?"

"결론부터 말해 보시오!"

하는 말이 입버릇처럼 나올 수도 있다. 평소에 그처럼 주의하라고 일러둔 일이 일어나기라도 하면 즉시 화를 불끈 내거나, 아니면 기분이 상해 저기압이 되기 일쑤이다.

성급하게 굴거나 감정이 그대로 노출되면 반드시 커뮤니케이션의 단절이 나타나게 된다. 부하들은 간부의 표정을 살핀다. 보고를 하러 가면서도 우선 '오늘 그쪽 날씨가 어떻지?' 하고 다른 직원에게 물어본다. 저기압이라고 하면 꾸중 들을 화제는 뒤로 미루고, 같은 얘기라도 낙관적인 표현을 많이 사용하고, 폭풍우라고 하면 아예 보고조차 하려가지 않는다.

이런 정도는 아니더라도 성미가 안절부절못하는 간부라면 차근차근 설명해야 할 얘기도 보고하는 사람의 기분이 가라앉지 못하기 때문에 실제의 상황 그대로를 전달할 수 없게 된다.

이와 같은 간부들에게는 마음이 약한 부하는 자진해서 커뮤니케이션을 하려 하지 않기 때문에 정보가 끊어지게 된다. 그리고 나쁜 정보일수록 보고가 늦어진다. 모든 사람들에게는 다 알려진 사실인데도 막상 그것을 누구보다도 먼저 알아야 할 그 간부에게는 아직도 전달이 되어 있지 않은 것이다.

뒤늦게 알고서 깜짝 놀라게 되고, 그래서 그것이 다시 저기압이나 감

정 폭발의 원인이 되는 악순환을 되풀이하게 되는 것이다.

이런 경우 객관적으로 본다면, 보고나 연락이 늦어진 일에 대하여는 부하들을 탓하기보다는 간부 자신에게 그 책임이 있는 경우가 더 많다.

27 **정확한** 관찰과 판단

"탁월한 리더십을 지닌 사람이란 반드시 사물을 주의 깊고 정확
하게 관찰하고 있는 사람이며, 또한 그 관찰에 의하여 틀림없는
판단을 끄집어낼 수 있는 사람인 것이다."

리더의 입장에 있다 보면 협력자나 부하 직원의 기억력에 매우 큰 가
치를 두기 마련이다. 다음은 광고업자로서 세계적으로 유명한 아이비
리의 체험담이다.

휴가 동안에는 언제나 새롭고 먼 곳으로 여행을 즐기던 그는 1906년
에 당시 운하의 대공사가 진행 중이던 파나마로 여행을 떠났다. 그런데
그곳에 머무르려 한 예정일의 절반도 못 되어서 뉴욕의 사무실로부터
전보가 날아왔다.

펜실베이니아 철도 회사의 사장인 카사 씨가 광고를 부탁하겠다고

연락해 왔으니, 속히 돌아와서 카사 씨와 만나보도록 해달라는 것이었다.

카사 씨는 물론 그의 일솜씨를 잘 알아본 연후에 일을 부탁해 온 것이 틀림없겠지만, 그는 펜실베이니아 철도에 관해서 전연 아는 바가 없었다.

그래서 즉시 돌아간다 하더라도 펜실베이니아 철도의 광고 방법에 대하여 카사 씨에게 이야기할 만한 아무런 예비 지식도 갖고 있지 않았다.

사무실에서 온 전보에는 돌아오는 그 길로 카사 씨와 만나보아야 한다고 하였으니, 펜실베이니아에 가서 실지 조사를 해볼 여유도 없고, 또 파나마에서 타고 갈 배 안에서는 서류 정리와 보고서 작업 때문에 따로이 연구할 틈도 없었다.

카사 씨와 만나면 우선 광고 방법에 대한 질문을 받을 것인데, 그때의 어색한 장면을 생각하자 난감해졌다.

뉴욕에 도착한 즉시 그는 카사 씨를 방문했다. 그러자 카사 씨는 친절하게 그를 자기 방으로 안내하고,

"여행은 어땠습니까?"

라고 물었다. 여행 중의 여러 가지 이야기를 하자,

"파나마는 어때요?"

하고 재차 묻는다. 이번에도 그가 알고 있는 한도에서 대답하자 다음에는,

"철도 공사는 어떻게 진행되고 있습니까?"

라고 물었다. 역시 그가 알고 있는 바를 상세하게 말하였다.

이런 문답이 약 반 시간 가량 있은 뒤, 면회는 끝났다. 카사 씨는 그를 바래다 주면서,

"대단히 재미있는 이야기를 들었습니다. 모쪼록 저희 회사의 광고 일을 잘 부탁합니다. 당신에게도 반드시 흥미 있는 일거리가 될 것입니다."

하고 말했다.

밖으로 나왔을 때 그는 마치 여우에게 홀린 것 같았다. 비즈니스의 면담이 너무 허무하기까지 하였던 것이다.

그러나 후에 아이비리는 이때 일을 회상하면서 카사 씨의 리더로서의 면모를 이해하게 되었다.

즉, 카사 씨는 자신의 경험에 비추어 어떤 복잡한 상황을 보고 그 요점을 잘 기억하여, 거기에 따라서 정확한 판단을 내릴 수 있는 인물은 다른 경우에 있어서도 대체로 믿고 부탁할 수 있는 인물이라는 확신을 갖고 있었던 것이다.

어떤 문제의 요점을 잘 기억하여 이것을 명확하게 말할 수 있는 사람이란, 동시에 그 문제를 이해하고 파악할 수 있는 인물이라는 것을 의미한다.

실업가나 상인·기술자·금융가·기타 어떤 직업에 종사하는 사람을 막론하고 크게 성공하는 사람은 반드시 이 두 가지 점을 갖추고 있다.

첫째, 정확한 관찰.

둘째, 적절한 판단.

정확한 관찰은 반드시 적절한 판단을 낳고, 적절한 판단은 정확한 관찰 없이는 이루어지지 않는다. 게다가 이 두 가지는 명철한 기억력 없이는 존재하지 않는다.

　훌륭한 기억력을 지닌 사람이란 반드시 사물을 주의 깊고 정확하게 관찰하고 있는 사람이며, 또한 그 관찰에 의하여 틀림없는 판단을 끄집어낼 수 있는 사람인 것이다.

28 **냉정한 결단력**

"만일 리더가 소심하고 우유부단하다면 부하 직원들은 몸둘 바를 모르고 이리저리 헤매게 된다. 그것은 전투 중인 장군이 적을 앞에 두고 이리 갈까 저리 갈까를 망설이는 것과 같다. 장군이 대포를 쏠까, 활을 쏠까, 칼을 쓸까를 적절히 자신 있게 명령 내렸을 때, 부하들은 안심하고 적군을 향해 돌진하게 되는 것이다. 때로는 대大를 위해 소小를 희생할 줄 아는 비정함이 바로 리더의 핵심 요건이다."

모름지기 리더가 되는 사람은 권위가 있어야 한다. 권위란 값비싼 옷을 잘 입거나, 훌륭한 방에서 한껏 폼을 잡고 앉아 있다고 해서 생겨나는 것은 아니다.

리더의 권위란 스스로 갖추어야 하는 것이다. 스스로의 노력에 의해 자연스럽게 갖추어지는 성질의 것이어야 한다.

미국 개척 시대의 군대 이야기를 다룬 〈북북서로 진로를 돌려라〉라는 유명한 영화가 있었다.

원정 도중 배에 부상을 입은 종군 화가를 버리고 갈 수도 없고, 그렇다고 그를 위해 부하로 하여금 들것으로 운반하게 할 수도 없는 막다른 상황이 닥쳤다.

그러자 지휘관은 그 화가를 격려하여 자력으로 일어나게 한다.

"오른쪽으로 한 발, 왼쪽으로 한 발, 그래 하나, 둘, 하나, 둘!"
하고 호령을 붙여 뛰게 한다.

이 장면은 매우 감동적으로 묘사되어 있다. 그 후 그가 정에 못 이겨 결단력을 제대로 발휘하지 못한 결과, 2개 분대를 전멸시킨 사실과 견주어볼 때 지휘관의 비정함과 고뇌가 실감나게 묘사된 장면이다.

이와 마찬가지로 집단의 지휘자는 무엇보다 집단의 유대 · 목적 완수 · 전진을 우선적으로 생각하지 않으면 안 된다. 관리자도 마찬가지이다.

'기업에는 엄격하게, 사람에는 부드럽게', 이것이 관리자로서 반드시 기억해야 할 수칙이다.

그러므로 리더는 적자 부문에서 간부급 이하 전직원이 열심히 노력해도 전망이 나쁘다고 여겨지면 일찍 결단을 내려 딱 잘라 버리는 냉정함이 반드시 필요하다.

물론 그렇게 되기 전에 모든 수단을 강구하여 해결책을 제시하는 것이 우선임은 물론이다. 그렇지만 아무래도 안 된다고 판단되면 인정人情을 배제하고 과감히 배치 전환이나 격하를 단행해야만 한다.

가족이나 친척들이 경영을 하는 중소 기업의 경우에는 전무나 부사장 등 요직에 있는 사람이 일가 친척이라고 해서 결단을 내리지 못하여 돌이킬 수 없는 실수를 범하는 경우가 왕왕 일어난다.

어떤 사장이 이름 있는 경영자에게 어려움을 상의하러 갔을 때, 그는 다음과 같은 답을 들어야 했다.

"사장인 당신이 해야 할 일은 중역의 인사 쇄신을 행하는 것입니다. 무능한 중역을 과감히 자를 수 없다면 당신이 사장 자리를 그만두는 게 어떻겠습니까?"

그는 이 말을 듣고 크게 깨달은 바가 있어, 회사로 돌아간 즉시 인사 대개혁을 단행하여 경영을 바로 세웠다. 적자 때에는 물론 우선 급여가 높은 사람들의 월급을 낮추거나, 아니면 사람을 이동시키는 결단을 통해 어려움을 헤쳐나가는 것이 최고 경영자의 첫째 책임이다.

급여가 높은 사람부터 자르지 않는다면 일반 사원은 윗사람의 말을 따르지 않고 힘을 내서 일하지도 않는다.

그런데 실제로는 경영이 부진한 회사일수록 평사원의 이동이나 상벌은 엄하고, 상층부의 잘못을 밝히려 하지 않는 것이 통례이다.

이것은 잘못된 경영이다. 비정한 정신은 위로부터 아래로 발휘되어야 하기 때문이다.

적재적소에서 피도 눈물도 없는 행동력이야말로 어쩌면 관리자로서 가장 필요한 요소일지도 모른다. 그만큼 어떤 상황이 닥쳤을 때 우유부단한 리더에게는 아랫사람이 신뢰감을 갖지 않는다는 말이다.

권위가 있다는 것과 권위를 뽐내는 것은 전혀 다른 말이다. 참다운 권위로써 과감히 결단을 내렸을 때, 아랫사람은 신뢰감을 크게 갖고 무엇이든 이야기하여 지시를 받으려 하는 경향이 커지게 될 것이다.

비즈니스는 상대적인 것이고, 상대가 있는 경쟁이다. 그러므로 항상 한 걸음 앞서가는 자만이 최고의 영예를 거머쥘 수 있다.

경영 고속화 시대를 앞두고 있는 시점에서 이러한 마음가짐이야말로 미래의 경영을 좌우하는 중요한 요건임은 두말할 필요도 없다.

영국의 수상 윈스턴 처칠은 이렇게 말했다.

"비관주의자는 희망 속에서 절망을 보지만, 낙관주의자는 절망 속에서 희망을 캐낸다."

29 **품질에** 대한 애정

"자기 회사에서 만든 제품에 대한 애정은 매우 중요하다. 그 제품이 수출되어 외국에서 팔리든, 순수 국내 소비 제품이든 간에 어떤 국적의 사람들이 구입하더라도 믿을 수 있는 제품이라고 생각하는 당신의 자부심이 있는가, 없는가에 따라 당신의 일하는 태도에는 엄청난 차이가 난다.
그리고 같은 어떤 종류의 다른 제품보다도, 내가 만든 나의 상품이 최고라는 자부심이야말로 당신을 크게 성장시키는 비결이 된다."

요즘은 일회용이 너무나 만연되어 있어서 듣는 사람조차 조금도 어색하지 않을 정도이다. 언제부턴가 우리 주변에는 일회용 상품들이 '편리함'이라는 이유로 인기를 끌기 시작해 이제는 생활에서 없어서는 안 될 정도까지 필수품이 되었다.

면도기·접시·컵·비닐 우산·수건·기저귀·카메라 등 일회용 상품들은 무수히 많이 있다. 그야말로 일회용 시대에 살고 있다 해도 과언이 아니다.

그러나 이러한 편리함만 쫓다보면 어느새 정성과 애정과 노력이 깃들인 것은 불편하고 복잡하다는 이유로 회피하게 되고, 사람의 정신마

저도 가벼운 것, 손쉬운 것으로 기울어지기 때문에 문제가 발생되는 것을 볼 수 있다.

예를 들면 기성복을 샀는데, 제대로 입어보기도 전에 바느질이 터지고 단추가 떨어져 나가는 경우가 있는가 하면, 새로 지은 집에서 수도꼭지 · 변기 · 자물쇠 등이 고장나고, 벽이 갈라지는 경우도 있다.

'팔고 나면 그만이다' 라는 단순한 생각이 소비자들로 하여금 악덕 업주라는 치욕스런 말을 듣게 되는 것이다. 산업 사회의 주역이라는 책임의식과 사명감이 없으면 자칫 상혼을 흐려, 돈만을 벌려는 목적으로 생산하는 제품을 허술하게 생각하게 된다.

일회용 시대에 살고 있는 시대에 어느 누구도 불량 제품을 사서 쓰고 싶은 사람은 없을 것이다. 내가 만든 제품을 내 가족, 내 형제가 사용한다고 생각하면 불량품이 나올 수도 없으며, 팔 수도 없을 것이다.

일본 사람은 제품 하나하나를 만들 때 그들의 혼을 불어넣는다는 말이 있다. 그렇다면 우리나라 사람들은 제품에 무엇을 불어넣는다고 생각하는가?

자신이 속한 회사의 제품에 자신의 마음과 정성과 신의를 불어넣어야 한다. 제품에 대한 자신감과 신뢰는 곧 자기 자신에 대한 자신감과 신뢰와도 통하기 때문이다.

"중고품이라도 미제가 좋아."

"일제는 어딘가 달라."

이제까지 들려오던 이런 말들이 이제는 사라져야 할 때이다. 국내 산업이 발달하지 못했던 과거에는 수긍이 가는 말이었지만, 지금도 그렇다면 문제가 있는 말이다.

올림픽과 월드컵까지, 이제는 명실공히 선진 사회의 대열에 끼게 된 자부심으로, 나 개인이 아니라 국가적인 차원에서의 자부심으로 제품을 만들어야 한다.

광고 회사에 다니던 김 과장은 우수 사원으로 선발되어 그 행운으로 동남아 여행을 하던 중, 홍콩에서 외국 유명 상표가 붙은 소형 카세트를 구입해 왔다. 크기도 휴대하기에 아주 간편했고, 디자인도 마음에 쏙 들었다.

그는 집으로 돌아와서 온 가족이 모인 가운데 카세트를 틀어놓고 자랑을 했다.

그때 카세트를 만지작거리며 이곳저곳을 유심히 살피던 중학생 아들이 갑자기 소리쳤다.

"아빠, 이거 국산 아니에요?"

그럴 리가 없다고 생각하며 김 과장은 카세트 뒤편 구석을 보았다. 거기엔 분명히 'MADE IN KOREA' 라는 표시가 뚜렷이 박혀 있었다.

김 과장은 '속았구나' 하는 실망감보다 국산품이 이렇게 훌륭한가를 새삼 깨달았다.

이렇듯 우리 주변에는 김 과장뿐만 아니라 아직도 국산품을 경시하는 풍조가 만연해 있는 실정이다. 객관적으로 비교해 보아 질이나 가격 등 여러 모로 국산품이 손색이 없는데도 사람들은 값비싼 외제를 택한다.

남대문 시장에서 수입 상품을 취급하는 이 씨는 많은 이윤을 남길 수 있을 정도로 짭짤한 재미를 보고 있다고 한다. 왜냐하면 국산품은 비싸게 구입을 했는지 금방 알 수가 있지만, 외제는 일반적인 비교 대상이 없기 때문에 높은 이윤을 붙여도 잘 팔린다는 것이다.

이런 상인의 타산과 무조건 외제를 선호하는 소비자의 마음이 부합되어 외국 상표가 판을 치는 것이다. 예를 들면 똑같은 공장에서 만든 조그만 손수건조차 국내 상표를 붙이면 5백 원에 팔리지만 가짜 외제 상표를 붙이면 4천 원에도 잘 팔린다는 이야기가 있다.

당신은 회사의 간부로서, 관리자로서 과연 이런 현상에 대해 어떻게 받아들이고 있는가?

당신은 무엇보다 먼저 당신 회사 제품에 대한 자부심과 사명감을 가지고 있어야 할 것이다.

30 명령은 메모지로

"어떤 명령이나 시달을 할 때마다 부하 직원을 방으로 부른다든가, 직접 부서로 찾아가 다른 사람들 사이에서 이야기를 하는 것은 바람직하지 못하다.
방으로 불러서도 간단히 메모지를 이용하는 방법이 간소하면서도 확실한 명령 전달의 근거가 되므로 좋다."

미국의 아메리칸 에어라인즈사社의 사이러스 스미드 사장은 부하 직원에게 명령을 전할 때에는 항상 간단하게 메모를 적어서 준다고 한다.

그는 이렇게 말한다.

"내가 무언가 이야기하고 있을 때 만약 세 사람이 있다면 이야기도 세 가지로 듣게 됩니다. 그러나 메모를 적어서 직접 전달해 주면 잘못 전달하거나 오해하는 일이 생기지 않게 되지요."

사실 커뮤니케이션만큼 어려운 것이 없다. 왜냐하면 사람은 모두 각양각색으로 자기 중심적인 생각을 하기 마련이므로, 전달의 착오는 이러한 사소한 일에서 비롯되기 때문이다.

따라서 대화가 성립하기를 원한다면 공통어가 필요하다. 예컨대 같은 말이라도 어른이 받아들이는 경우와 아이가 받아들이는 경우와는 상당한 차이가 있으며, 지금 화가 나 있는가, 웃고 있는가, 또는 무언가 쓰고 있을 때, 전화 통화하고 있을 때, 대화 중일 때 등등 여러 상황에 따라 이야기를 전해 듣는 의미는 완전히 달라질 수 있는 것이다.

대화란, 서로 의미와 내용이 같은 말을 사용하지 않으면 성립되지 않는다. 또한 공통어는 구체적일수록 잘 통한다. 간단히 요점을 정리해서 이야기하거나, 그림이나 기호를 사용하면 내용도 분명해지고 인상도 선명해진다. 그리고 이해하기 쉽고 기억하는 일에도 편리해야 한다.

사람을 다루는 입장에 있는 사람, 사람을 설득해야 하는 입장에 있는 사람, 유능한 상사나 세일즈맨·컨설턴트는 모두 이 테크닉을 사용하고 있다.

제아무리 복잡한 용건이라도 그 안에는 몇 가지 중요한 포인트로 집약될 수 있다. 이때 입으로 설명하고 또 메모지에 요점을 적어서 주는 것이 좋다.

이것은 명령하거나 전달하는 측에서만 유의해 둘 문제가 아니라, 명령을 받는 입장에 있는 사람도 반드시 알아두어야 할 사항이다.

상사가 명령이나 제안을 할 때는 반드시 메모에 요점을 적어두는 것도 하나의 좋은 요령이다. 왜냐하면 나중에 상사가 다른 말을 해도 그때 적어둔 메모를 보이면 서로의 오해와 문제를 쉽게 풀어갈 수 있기 때문이다.

다른 사람을 설득할 때도 요령이 필요하다. 사람을 설득할 때는 상대방과의 의견 차이를 명확히 하는 것만이 능사가 아니다. 상대방에게 자기의 주장을 납득시키는 것이 목적이므로 무턱대고 자기의 주장만을 앞으로 내세우면 대립만이 깊어갈 뿐이다.

설득의 경우도 우선 충분히 상대방의 이야기를 들은 다음, 상대방의 욕구에 맞도록 자기 주장을 꺼낸다.

"네, 하지만……."

"옳은 말씀입니다. 그러나 이런 방식은 어떨까요?"

"좋은 아이디어라고 생각합니다. 하지만 제 생각은……."

하는 식으로 우선 상대방의 의견·입장·주장을 인정한 다음에 다른 관점의 생각을 꺼내는 것이 바람직하다.

그런데 어찌됐든 말이란 참으로 애매한 것이다. 입에서 나온 순간 공중으로 사라져 버리는 속성 자체가 믿을 수 없는 것이기도 하다.

정치에서도 소위 '문건' 이라는 것이 주목을 받고 중시되는 이유가 바로 이런 데 있다. 기사화시키고 문서화시켰을 때의 위력은 수만 마디의 말보다 위력이 있는 것이다.

그러므로 관리자는 언제든 문서를 활용하는 데 능숙해야 한다. 일단 하위 계층으로 전달되는 명령은 문서화된 것이 좋다. 간단한 전달 사항이라도 꼭 메모를 해서 주는 습관을 들여라.

Step 4

일보다 사람을
움직여라

31 트러블 메이커를 찾아라

"능력 있는 인재를 색출하고 발탁하는 것이 관리자의 임무라면, 회사 내 고질적인 트러블 메이커를 찾아내는 것도 관리자의 빼놓을 수 없는 임무이다. 싱싱한 열매를 잘 맺는 나무는 애정으로 돌봐주고, 병들고 오염된 가지는 과감하게 쳐내는 것이 현명한 관리자의 관리법이다."

회사 내에서 매끄럽고 긴 혈관 속의 흐름을 껄끄럽게 하거나 막히게 하는 돌멩이가 있다면, 전체 조직은 막대한 영향을 받고 심장이 멎어버릴 것이다. 이와 같이 회사 내에서 돌멩이 같은 행동을 하는 사람이 있는데, 이런 사람들을 '트러블 메이커'라고 부른다.

진정한 리더십의 발휘는 회사 내에서 생산이나 판매 · 영업 · 기타 업무의 원만한 흐름을 유지하도록 적재적소에 적절한 기름칠을 하는 것과 다름없다.

그런데 만일 팀 가운데 불필요한 대립이나 갈등으로 인해 이 부드러운 분위기를 흐트러뜨리는 사람이 있다면 전체의 생산성은 떨어지고 사원들의 사기는 급격히 저하되는 것은 불을 보듯 뻔한 일이다.

이런 트러블 메이커는 상사와 부하 직원의 입장에서, 또는 인간 대 인간의 입장에서 충분히 대화를 나눔으로써 그 사람의 태도나 사고방식을 바꾸도록 이끌어 주어야 한다.

물론 오래도록 굳어온 트러블 메이커의 부정적인 면모를 당신이 개조시키기에는 상당한 시간이 필요할 것이다. 그러나 그를 위해 배려한 기간이 지났음에도 태도가 고쳐지지 않을 때에는 단호한 징벌적 조처가 강구되어야 할 것이다.

또 간혹 회사 내 일체의 규율이나 질서·관행을 무시하고 개인에게 완전한 자유가 있는 것처럼 설쳐대는 사람이 있기 마련인데, 이런 사람을 '아나키스트형' 이라 부른다.

흔히 대학에서도 질서와 학칙을 완전 무시하고 자유분방하게 생활하는 학생이 있는데, 회사에서도 이런 아나키스트형인 파괴분자가 있는 것이다.

예를 들면 정해진 보고報告의 경로를 무시하거나, 다른 부문의 일에 간섭하거나, 또는 안하무인 격으로 이것저것 설쳐대며 규율이나 권한 관계도 무시하고 행동하기 일쑤이다.

이런 사람들은 조직 속에 있으면서도 조직을 무시하는 유형인데, 대개 회사 내 유력자의 지지를 받고 있는 엘리트인 경우도 있고, 회사를 주름잡고 있는 특정의 학벌이나 지역에 속하는 사람 가운데서도 흔히 볼 수 있다.

아나키스트는 비뚤어진 엘리트 의식이 잘못 표출된 것이다. 그러나 단지 자기 혼자만이 엘리트 의식으로 뽐내는 것은 주변에는 영향을 끼치지 않더라도, 조직인 회사 안에서 이런 식으로 활개치고 다니면 팀은 혼란에 빠지고 모든 사람의 사기가 점차 저하되기 마련이다.

반면, 트러블 메이커는 자기가 낸 의견이 받아들여지지 않거나, 자신의 실수를 지적받았을 때 역공격의 방편으로 여러 가지 방해 행위를 일삼기도 한다.

이런 사람은 완고한 성격의 소유자인 경우가 많다. 고집스럽게 자기의 주장만 옳다고 우기면서 다른 사람의 의견은 받아들이려 하지 않기 때문이다.

계획이나 방침이 결정되기 전에 여러 가지 의견을 제시한다는 것은 매우 바람직한 일이다. 그러나 일단 하나의 방침이나 계획이 최종적으로 결정되어 실행 단계로 옮겨지게 되면 전사원의 일치 협력이 필요한 것이 회사이다.

그럼에도 불구하고 완고한 개성을 지닌 아나키스트형 유형들은 정해진 계획이 실행에 옮겨진 다음에도 그 방침이나 계획에 협력하지 않는 것이 특징이다. 이런 사람이 단 한 사람만 있어도 회사의 계획을 원만하게 실행해 나가기가 어렵게 된다.

여러 사람의 의견을 수렴하면서 물이 흐르듯이 업무가 진행되어야 하는데, 마치 파이프가 막혀 버리는 것처럼 중간이 고착 상태에 빠지게 되는 것이다. 한마디로 엄청난 피해를 입게 된다고 할 수 있다.

그러므로 당신은 관리자로서 이런 트러블 메이커나 아나키스트형을 잘 파악하여, 평소에 그를 예의 주시하면서 인간적 태도로의 접근하거나, 또는 훈계와 징벌을 적절히 활용하여 회사가 입게 될 피해를 최소한으로 줄이는 데 힘을 기울여야 할 것이다.

진정한 관리자란 의견이 서로 일치하는 사람들끼리 사이좋게 일을 잘할 수 있는 분위기를 조성해 주는 사람이다. 그러기 위해서는 평소 부하직원을 잘 체크하여 트러블 메이커에 대한 신속한 조치를 취함으로써, 잘 흘러가는 물길이 막히는 일이 없도록 해주어야 한다.

32 어떤 리더가 쓸 만한가?

"문제가 보이느냐, 안 보이느냐? 장님 간부냐, 눈뜬 간부냐? 하는 갈림길은 가치 판단의 기준에 따라 결정된다. 자기 부문에 속한 상황만을 생각한다면 문제를 찾아내지 못하는 경우가 많다. 그러므로 진정한 간부는 그 조직 전체가 요구하고 있는 문제를 잘 파악한 후, 자신이 그 전체 속에서 무엇을 해야 하는가를 명확하게 파악할 필요가 있다."

과연 어떤 의식을 가진 관리자가 회사를 잘 꾸려갈 수 있는가? 이에 대한 답으로써 다음의 실례를 들어본다.

경영난에 빠진 C 회사에 들어가, 단시일 내에 그 회사를 재건한 어느 관리자의 경험담이다.

그는 이 회사에 들어가자마자 종래의 간부층 일부를 정리한 다음, 나머지 간부들은 크게 이동시킴으로써 큰 성공을 거두었다. 이 경영자에게 '대체 어떤 방법으로 간부들을 선별하였는가?' 하고 한 신문 기자가 물었다.

"그야 간단한 방법이지요."

이것이 그의 대답이었다.

이 경영자는 바로 다음과 같은 방법을 썼던 것이다. 그는 과장 이상의 간부들은 한 사람씩 개별적으로 만나보고, 누구에게나 똑같은 질문을 했다.

그 질문이란 바로,

"당신이 맡고 있는 분야에 어떤 해결할 문제가 있다고 생각합니까?"

라는 것이었다.

한 사람에 평균 15분 가량 걸렸다고 한다. 그리고 이것은 실정을 파악하기 위한 것이 아니라, 그 질문에 대답하는 반응에 따라 상대방이 얼마만큼 문제의식을 갖고 있는가를 확인하자는 목적이었던 것이다.

그 결과는 매우 흥미로웠다.

첫 번째 유형은, 갑자기 이런 질문을 받자 대답을 못하는 사람들이 있었다. 이런 사람들은 모두 낙제로 처리했다.

두 번째 유형은, 자기가 맡은 분야의 문제를 말하지 않고 회사 전체에 관한 문제를 장황하게 늘어놓은 사람들이 있었다.

그는 이런 사람들의 말을 어느 정도 들어준 다음,

"그럼 당신이 맡은 분야에는 문제가 없습니까?"

하고 질문했다. 그러나 대부분의 사람들은 만족스런 대답을 못했고, 개중에는 '전체가 나쁘기 때문에 그 영향으로 자기도 열심히 일하기가 어렵다' 는 대답을 했다.

이런 사람들은 거의가 호언장담하는 스타일로 현실을 정확하게 파악하지 못하고 있는 사람이거나, 아니면 말만 앞세우고 실행성이 없는 타입으로 모자라는 실력을 커버하는 사람, 또는 책임을 전가하는 것으로 보고 낙제를 시켰다.

세 번째 유형은, 자기 부문을 말하긴 하지만 너무 추상적인 경우, 예를 들면 의욕이 낮다든가, 다른 부문과의 관계가 원활하지 못한 간부들도 낙제 후보생으로 했다. 문제의식이 명확하지 못하거나 우는 소리를 늘어놓는 사람이라면 믿을 수 없다는 것이었다.

그는 문제를 명확하게 구체적이고 실제적으로 말한 사람, 또 그 문제의 원인이나 배경을 정확하게 지적한 사람들만 합격시켰다.

그리고 이 합격자들에게는 좀더 시간을 들여서 그 문제에 대한 대책이나 목표가 있는가를 다시 물었다.

그 결과, 명확한 해결의 결의가 보이는 사람들은 '상위 합격', 그 중에 당면 문제와 목표는 이러저러하며, 그리고 앞으로 2~3년 지나면 반드시 일어날 것으로 생각해야 할 문제는 이러저러하다고 말한 사람을 '최상위 합격'으로 정했다고 한다.

"충분히 문제의식을 가지고 있으면서도 짧은 시간에 요령 있게 말하지 못한 간부도 있었을 게 아닙니까?"
하고 기자가 물었다.

"그야 물론 있지요. 하지만 짧은 시간에 요령 있게 말할 능력이 없다는 것도 역시 낙제로 봅니다."

이렇듯 문제의식을 뚜렷이 가지고 있는가, 그리고 그것을 말할 수 있는가를 물어보는 것은 간부를 테스트하는 좋은 방법의 하나다. 왜냐하면 그것은 간부로서의 최소한의 기본 조건이기 때문이다.

33 부하 직원을 인재로 만드는 비결

"업적에 의해 사람을 평가하는 것은 리더로서 매우 중요한 일이다. 그러나 업적이 오르지 않아 위축되고 의욕을 잃은 사람들에게 자기 스스로 만회하도록 도와주는 것이야말로 참다운 리더십이다.
운동 시합을 할 때 자기편이 승리하라고 '파이팅'을 외쳐주는 효과가 바로 격려이다. 이렇게 간부는 언제 어느 때나 부하 직원을 도닥거려 주고 쓸어주는 사람이어야 한다."

　부하 직원의 육성에서 가장 중요한 비결의 하나는 목표를 제시해 주되, 방법은 가르쳐 주지 않는 태도이다.

　관리자란 직업은 자기 자신이 스스로를 컨트롤하도록 의식적으로 노력하지 않는다면 아무래도 성급하게 되기 쉽다. 이것은 스피드와 타이밍이 요구된다는 사실, 하루하루가 일이 잘 되기도 하고, 안 되기도 하는 연속이라는 사실, 회의 시간이나 안건 결정까지의 기간처럼 초조하게 기다리는 시간이 많은 환경 등에서 영향을 받기 때문이다.

　관리자는 이와 같은 스트레스 때문에 부하들에게 처음부터 일의 방법을 가르쳐 주려는 경향이 있고, 자기가 직접 경험한 일일수록 이런 방식으로 빨리 처리해 버리려는 경향이 많다.

물론 상대방이 신입 사원인 경우라면 우선 방법을 가르쳐 주어야 하는 것은 당연하다. 그러나 어느 정도의 경험을 쌓은 중견 사원에게까지 지나치게 가르쳐 주는 것은 좋지 않다.

부하 직원을 육성하는 데 있어서 언제나 어느 정도의 시행착오를 용서하는 태도가 중요하다. 여러 가지로 시도해 보아서 자기의 머리를 깨닫게 해야 한다. 또 그 과정에서 자기 나름대로의 방식을 만들어내도록 유도해야 한다.

농업기계 생산업체인 미국의 인터내셔널 하베스터사에서 재미있는 조사를 한 적이 있다. 그것은 부하 직원을 잘 육성하는 15명의 간부를 선정하고, 이 사람들에게 각각 전문가들을 붙여 그들이 평소 부하 직원들과 접촉하는 방법과 이야기를 주고받는 방법 등을 관찰 조사하도록 한 것이다.

그 결과, 부하를 잘 길러내는 명수들은 부하에 대해 다음과 같은 공통적인 태도를 취하는 것으로 나타났다.

첫째, 해야 할 일은 명백히 지시한다.

둘째, 방법은 가르쳐 주지 않는다.

셋째, 물어오는 것은 조언해 준다.

이것은 일반적으로 '모두 알아서 하라' 는 방임형이 아니라, '언제까지, 어떤 태도로 하라' 고 하든지, 도달해야 할 목표를 분명히 명시해 주는 태도이다.

그리고 그 목표를 달성하기 위해서 어떤 순서나 방법을 취하는 것이 좋은지 말해 주지 않고, 오로지 실행하는 본인이 스스로 생각해서 하도록 맡겨둔다. 묻지도 않는데 자청해서 지시하거나 미리 앞질러 조언은 하지 않는다.

부하가 묻거든 그때 말해 주는 것이다. 이런 경우에도 '어떻게 할까요?' 하는 따위 질문에 답해 주는 것이 아니라, 부하의 생각에 대하여 생각할 수 있는 다른 방도나 빠지기 쉬운 위험, 그리고 대처하는 태도에 있어서의 잘못 등만 지적해 주면 끝나는 것이다.

능력이란 요컨대 자기가 자신감을 가질 수 있는 범위를 뜻한다. 그리고 그 자신감이란 스스로 생각하고 스스로 해 보지 않고는 절대로 얻을 수 없다. 또 알고 있다는 것도 자신감과는 전혀 별개의 것이다.

그러므로 능력을 키우려면 항상 경험하지 못한 분야나, 이제까지 생각하지 않았던 높은 목표에 부딪치지 않으면 안 된다. 부하들에게 이런 능력을 배양시켜 주려면 적어도 중견 사원정도라면 역시 목표만을 부여해 주고 스스로가 해내도록 원조만 해주는 것이 원칙이다.

부하 직원에게 힘을 길러주려면 절대로 성급하게 굴어선 안 된다. 물론 상대방이나 목표의 난이도에 따라 미리 힌트를 줄 필요가 있는 경우도 있을 것이다. 그러나 원칙적으로 목표만을 주고 잠자코 지켜보는 태도가 바람직하다.

기다릴 수 있는 한 기다려라. 그리고 어떻게 해서든 자기 힘으로 해낼 수 있도록 상대방의 힘과 일의 성질에 따라 힌트나 유도의 정도를 조절한다.

위험스러워 보이는데도 상대방이 아무 말이 없거든 '잘 되어 가나?' 하고 접근해 보는 것으로 충분하다.

34 사람을 어떻게 골라 쓰는가?

"훌륭한 위인에게는 훌륭한 부모가 있고, 뛰어난 장수에게는 심복이 있고, 위대한 지도자에게는 그 곁에서 항상 보좌해 주는 2 인자가 있는 것을 볼 수 있다.
당신이 참다운 리더가 되기 위해서는 인선人選을 잘 해야 한다. 반드시 능력 있는 사람만이 임무의 적임자라고 할 수 없다. 그 사람의 성격과 적성, 목표 의식 등 종합적인 판단으로 잘 관찰해야 한다."

'이 일을 누구에게 시켜야 좋을까?'를 결정하는 문제로 고민해 본적이 있을 것이다.

인선의 방법으로는 다음 5가지가 있다.

첫째, 연공 주의.

이것은 연공年功이나 근속 연수·학력 등을 중심으로 판단하는 방법으로, 예컨대 '이번에는 누구 차례다' 하는 식의 방법인데, 주위의 반발이 비교적 적다는 장점이 있다.

현대는 실력주의라고 하지만, 오늘날 실정으로는 실력 있는 사원을 별안간 발탁하여 끌어올려 놓으면 막상 본인은 고립되어 주위의 응원을 얻지 못하고 그대로 도태되는 경우가 많다.

하지만 발탁이 사람을 잡아 놓는다면 곤란하다. 실력주의를 주장하는 젊은 사원들도 막상 자기 동료 중의 한 사람이 그런 처지가 되었을 때 과연 진심으로 그들을 지원해 줄지는 의문이다.

이런 견지에서 볼 때는 연공서열이 무난한데, 이 방법에는 여러 가지 허점이 따른다. 그 중 가장 문제가 되는 것은 예측한 성과를 올리지 못할 확률이 높다는 점이다. '목표도 좋았고, 방법도 좋았다. 그런데 실패했다.' 이런 경우는 대개 일의 성과를 확보할 것을 진지하게 생각지 않은 결과이다.

요컨대 이것은 가장 좋은 인선 방법은 아니지만 별로 중요하지 않은 사항, 어떻게 되거나 큰 손해는 입지 않는 경우에는 좋은 방법이 될 수 있다.

다른 조건으로는 특별한 난점이 없고, 실력을 테스트해 보기 적합하고, 여의치 않을 때에는 자기가 다소 커버해 주면 되겠다는 정도의 경우라면 무난한 방법이다.

둘째, 경험 주의.

이 방법은 그 일에 정통한 베테랑, 즉 경험이 풍부한 사람을 선택하는 것이다.

무엇보다 이 방법의 장점은 그 사람에게 일을 맡겨놓으면 마음을 놓을 수 있다는 것이다.

관리자는 여러 가지 책임을 맡아야 하는 사람이다. 그렇기 때문에 안심하고 맡길 수 있다는 점은 무엇과도 바꿀 수 없는 매력을 지닌 특성이 된다.

그런데 막상 이 방법에는 함정이 도사리고 있다. 먼저, 문제가 어려울 때는 베테랑일수록 빨리 단념해 버린다는 현상이다.

경험이 풍부한 사람은 그만큼 일에 자신감을 가지고 있다. 문제에 부닥치면 척척 그 상황을 조사하여 과거의 경험에 비추어 '이건 이런 방법으로 하면 된다'고 판단하여 곧바로 착수하여 문제를 일사천리로 풀어나간다.

그 문제가 과거 경험에서 얻은 방법으로 해결할 수 있는 경우는 문제가 없지만, 그것이 잘 풀려나가지 않을 때는 '이건 불가능하군' 하고 간단히 포기해 버리고 마는 것이다.

셋째, 교육 중심.

부하 직원의 능력 개발에 도움이 되는 방법으로, 일반적으로 그가 경험하지 못한 직무를 의식적으로 맡긴다.

넷째, 성격 중심.

예를 들면 경영상 몹시 중요한 문제인데, 여기에 관련된 다른 부서가 많아 사내 저항이 많을 것으로 생각되는 경우에 성격이 얌전한 사람에게 시키면 실패할 확률이 높다.

이럴 때는 일은 다소 서툴지라도 사나운 말처럼 기운차고 웬만한 일로는 굽히지 않는 사람이 적합하다.

다섯째, 본인의 희망 중심.

일의 성공과 본인의 능력 개발이라는 점이 동시에 충족될 수 있는 방법이지만, 본인이 꼭 하고 싶다는 일에 전체 인원의 몇 퍼센트까지 부합시켜 줄 수 있느냐는 문제가 따른다.

35 어릿광대 리더?

"모든 부하 직원의 열의를 기대하려면 우선 당신 자신이 맹렬히 일하고 뛰어다니고 행동하여 스스로 태풍의 핵심이 되어 전원을 휘몰아칠 기세가 있어야 한다.
예컨대 침체해 있는 상황을 일으킴과 동시에 현장에 자주 나가고, 각 계층의 경향을 파악하여 각 부서의 일하기 어려운 원인이 되고 있는 장애물을 가장 먼저 제거해 주고, 또 외부나 다른 부문의 동료나 상사와의 협의나 활동을 활발하고 효과적으로 펴나가야 한다."

관리자의 자질로서 중요한 점은 어느 부하 직원보다도 일을 잘 해야 한다는 것이 꼽힌다. 아침에는 누구보다 일찍 출근하고, 밤에는 누구보다 늦게 퇴근해야 한다. 그러면서도 머리의 회전 속도는 다른 사람들의 2배. 이런 정도의 관리자가 아니고서는 부하 직원에게 불을 붙여 주기 어렵다.

고위 관리자는 업무가 시작된 뒤에 출근하는 것이 당연한 습관으로 되어 있는 회사에서는, 간부가 일찌감치 출근 시간 전에 회사에 나와 있어야 한다는 견해에 강한 반발을 가질지도 모른다. 그 중요한 이유의 하나는, 오히려 간부가 밤늦게까지 일을 하므로 아침에 늦게 나오는 것은 당연하지 않느냐는 것이다.

이것은 얼핏 듣기에는 이치에 맞는 말 같지만, 그러나 거기에는 충분히 검토되어야 할 요소가 들어 있다. 그것은 부하들의 눈과 간부의 상식과의 차이에 관한 것이다.

예를 들면 이런 식이다. 일본에서 어느 정치가가 선거구의 작은 역에 급행 열차를 정거하도록 법제화하여 여론의 문제가 되었던 사건이 있었다. 정치가의 상식으로는 이 정도의 것은 누구나가 할 수 있는 일이라고 생각했는지도 모른다.

그러나 이 정치가의 상식에서는 '있을 수 있는 일'이 지도자로서의 양식을 의심케 하고, 국민들의 신뢰감을 잃어버린 결과가 되었다.

밤에 늦으니까 아침에도 늦는다는 타입의 간부는 이 정치가와 흡사하다. 요즘 부하 직원들의 눈은 냉정해서 '봉급을 많이 받는 사람은 자기들보다 일을 더 해야 하는 것이 당연하다'고 생각하고 있다는 사실을 알아야 한다.

출근 시간만 해도 '이유야 어떻든 자기는 출근 시간을 지키지 않으면서 우리 보고만 지키라는 건 말도 안 된다'고 생각하는 것이 일반 사원들의 본심인 것이다. 다만 그것을 입 밖에 내지 않고 큰 문제로 내세우고 있지 않을 뿐임을 기억해야 한다.

대부분의 사원들은 자기들의 눈으로 직접 보지 않은 것은 믿지 않는다. 신용할 수 있는 것은 언제나 자기들보다 일찍 회사에 나와서 벌써 일을 하고 있는 모습을 보고서야 '정말 놀랐어' 하고 생각한다.

이런 점에서 관리자의 상식과 부하 직원의 상식은 완전히 달라지게 마련이다. 출근이 늦은 간부들이 대의명분으로 내세우는 말은 "내가 일찍 나가면 부하 직원들이 곤란해한다" 는 것이다. 자기가 일찍 출근하면 그에 따라 부하 직원들이 더 일찍 나와야 하기 때문에 오히려 미안하다는 견해이다.

하지만 이런 생각이야말로 위험한 발상이다. 부하 직원들이 자발적으로 더 일하려는 것을 일부러 못하게 막는 것이 되며, 그것은 생산성을 높여야 하는 간부의 태도로서 적합하지 않은 태도이다.

그야 물론 무언의 강요가 되지 않도록 부하 직원들에게 "간부보다 먼저 나와야 할 의무가 있는 것은 아니니 마음에 두지 말라" 고 말해둘 필요가 있기는 하다. 그런데 이것을 늦게 출근하는 핑계로 삼는다면 자기 태만을 커버하기 위한 구실밖에 안 되는 것이다.

진정한 관리자라면 적어도 업무 개시 30분 전에 출근하여 간부간의 회합을 모두 마치고 부하 직원들을 기다려야 한다. 설사 지난밤에 2~3시까지 회사에서 일을 했더라도 그렇다. 육체적으로 너무 힘이 든다면 차라리 출근 시간을 맞추어 나오고 밤 시간을 줄이는 것이 올바른 행동법이다.

또 '퇴근 후 남아 있기가 부하 직원에게 미안하다' 는 생각을 갖는 것도 시대착오적인 발상이다. 요즘 부하 직원들은 간부가 남아 있거나 말거나간에 시간만 되면 하던 일을 곧바로 .걷어치우고 일어난다. 부하 직원들 때문에 일하기가 미안하다면 일을 집으로 가지고 가서 하면 될 게 아닌가.

그것은 간부들의 상습적인 지각이나 조퇴에는 일종의 권위주의적인 요소가 남아 있기 때문이다. 늦게 출근하는 것을 가지고 자신의 권위를 자랑하려 한다면 그는 일종의 어릿광대에 지나지 않음을 명심하라.

36 직원의 사기를 꺾는 사람

"대부분의 관리자는 부하 직원을 아끼고 사랑한다. 그러나 개중에는 이런 진정한 리더의 모습보다는, 능력 있는 부하 직원을 질투하고 시기하여 괴로워하거나, 노골적으로 그의 위세를 꺾으려는 사람이 있다.
이런 간부는 하루속히 마음을 바꾸어야 한다. 그렇게 되면 당신 자신이 더욱 힘들어지고 고독한 행로에 들어서게 되기 때문이다."

'어떻게 하면 부하 직원이 자주적이고 적극적으로 움직여 줄 것인가?'

이것을 생각하는 관리자가 많을 것이다. 그러나 실제로는 이런 궁리보다는 우선 부하 직원의 의욕을 해치지 않도록 하는 것이 중요하다.

한 사례를 들어보자.

이 부장은 부하 직원의 사기를 꺾어놓는 명수로 알려져 있다. 그에게는 여러 가지 특이한 경향이 있었지만, 그 중에서도 부하 직원에게 주의를 주거나 꾸짖는 방법이 특이했다.

부하 직원이 어떤 실수를 저질렀을 경우에 그는 일단 본인을 불러 '도대체 어떻게 된 겁니까?' 하고 앞뒤 사정을 묻는다. 그리고 서서히 입을 연다.

"결국 당신의 부주의로 일이 이렇게 되었군요. 좀더 치밀하고 침착해야 하는데. 도대체 당신의 부주의는 이번만이 아니란 말이오. 얼마 전에도 이런 일이 있었잖소. 그리고 작년에도……."

이런 식으로 과거에 있었던 실수를 차례대로 끄집어내어 야단을 치는 것이다. '아, 이제 나는 끝장이구나' 하고, 마음이 약한 사람이라면 체념해 버리고 만다.

그러나 이 부장이 어떤 악의적인 생각으로 그러는 건 아니다. 그는 성실했으며, 평소에 자주 잔소리를 하면 효과가 없다고 생각하고 있었다. 그래서 그는 기억을 저장해 두었다가 적당한 시기가 오면 마치 댐에 저장한 물을 한꺼번에 쏟아내듯 하는 것이다.

게다가 그만큼 감정을 폭발시키는 타입도 아니다.

그러나 부하 직원들은 그렇게 받아들이지 않는다. '이 부장은 무서운 사람이다. 마음놓고 대할 수 없는 존재' 라고 생각하여 부하 직원들은 만사에 지나치게 신경을 쓰게 되는 것이다.

간부도 인간이기 때문에 여러 가지 나쁜 버릇을 가지고 있을 수 있는데, 그 중에는 부하의 기를 죽여 행동을 소극적으로 만들고, 마음속에서 솟아오르는 자발적인 의욕에 찬물을 끼얹어 의욕을 사그라지게 하는 사람이 있다.

일반적으로 사소한 실수를 중요시하는 간부 밑에서는 모두가 위축되어 의욕을 상실하게 된다. 또 평소에는 잔소리를 하지 않더라도 문제가 일어날 때마다 저기압이 되어 버리는 경우와, 부하 직원의 창의력이나 새로운 시도에 관심을 기울이지 않는 경우도 같은 결과를 낳는다.

그렇다고 주의를 주지도 않고 꾸짖지도 않는다면 그것 또한 부하 직원에게 신뢰감을 떨어뜨리는 요인이 된다. 칭찬과 격려는 기를 살려주는 최대의 약이 됨을 명심하라.

그런데 회사에 들어와서 칭찬도 꾸중도 없다든가, 또는 칭찬받는 일은 있지만 꾸중 들은 일은 없다는 상태가 계속되면 본인은 불안해진다. 우선 그는 간부가 '나에게는 관심이 없다'고 의심하기 시작하고, 설령 칭찬받는 일이 있어도 이번에는 '나를 추켜세워 놓고 부려먹으려는군' 하는 식으로 생각한다.

어떤 관리자는 너무 세심한 나머지 잘못을 주의시키면 부하 직원이 그만둘지도 모른다는 불안감을 가지고 있는 경우도 있다. 그러나 주의를 받았다고 그만둘 위인이라면 꾸중을 듣거나 말거나 언젠가는 어차피 그만둘 소지가 있는 사람이라고 보면 된다.

그리고 학력 수준이 높은 사람일수록 자기에게 얼마만큼의 관심을 가지고 있는가 하는 점에 상당히 민감하다는 사실을 기억해야 한다.

대의로 볼 때 회사에서 부하 직원은 하나의 작은 부품이라고 할 수 있다. 그렇다고 해서 대충 다루어도 되리라고 생각하다간 부하 직원들은 이내 그런 사실을 꿰뚫어본다.

적어도 칭찬하거나 꾸짖는 일은 그 결과의 좋고 나쁨을 가지고 결정할 일이 아니라, 그때 당사자의 심리 상태에 의해 신중하게 결정해야 하는 것이다.

37 **창의적인** 열성이 나를 살린다

"아무리 위대한 것도 열의 없이 성취된 것은 하나도 없다고, 미국의 시인이며 사상가인 R. W. 에머슨은 말했다. 당신의 지위가 높아지고 많은 경험을 통해서 이 말의 진실을 실감할 것이다. 어떤 일이라도 단순히 직업의식으로 대하여 습관적으로 그 일을 처리해 나간다면 결과는 뻔하다.
그러나 즐거운 마음으로 일을 시작하면 일은 능률이 오르고 시간은 빠르게 지나간다. 열의를 가지고 일에 전념한다는 것은 그 일에 모든 정신을 쏟는다는 것을 뜻한다."

미국에서 프로 세일즈로 성공한 프랭크 보이드는 판매 지배인이 되자 온갖 정성과 힘을 다하여 맡은 일에 대한 새로운 창의와 면밀하고 효과적인 방법 등을 발견하고 보충하고 시정하는 데 열성을 올렸다.

그는 우선 보너스 정책을 생각해 내어 판매원은 판매 실적에 따라 특별 보수를 받을 수 있게 하였다.

그가 이 기획안을 상정하자 경영주는 노발대발하며,

"판매원에게 보너스를 주다니! 터무니없는 소릴세. 그런 돈은 한 푼도 낼 수 없네."

그러자 보이드는 이번엔 다른 방법을 생각해 냈다. 보너스안을 경쟁

안으로 수정하여, 판매액을 올린 사람에게는 보너스가 아닌 상금을 주고 표창하는 형식으로 고안해 냈다.

이 방법을 적용하자, 이후 회사는 1년에 1만 7천 달러의 이익이 늘고, 2년 만에 10만 달러의 이익을 올렸다. 노력한 판매원들의 월수입도 7퍼센트에서 10퍼센트로 늘어 갔다.

경쟁 제도는 회사 중역들 간에도 환영을 받게 되어, 오늘날에 와서는 능률적인 제도로 인정받기에 이르렀다. 보통 사람이라면 큰 실망에 빠지게 될 만한 중대한 일에 직면하였지만, 보이드는 어찌하여 이토록 결연한 태도로 뚫고 나아갈 수 있었을까?

그것은 한마디로 긍정적이며 건설적인 그의 명랑한 인생관에 있던 것이다. 동시에 그의 행동 또한 자신감을 가진 사람이었다는 것을 당신은 이해할 것이다.

보이드는 자기가 바라는 지위를 얻기 위해 치르지 않으면 안 될 대가를 생각하고, 이것을 치르기 위해서는 한때 고생스러운 노력은 당연히 있어야 할 것으로 각오했으며, 이것을 이겨나가는 데 두려워하지 않을 결심을 하고 있었던 것이다.

자기 직무에 대해서는 끊임없이 여러 문제를 간파해서 그 적절한 처리 방법을 연구했으며, 자기의 지위가 오를 때의 준비를 항상 갖추고 있었다. 그리고 한번 약속한 일이면 어떠한 비공식적인 약속이라도 그 경중輕重을 불문하고 마치 법률상의 약속처럼 정확하게 이행한다는 각오를 항상 가지고 있었다.

이처럼 인생에서 소망하는 것을 얻을 때는 거기에 상응하는 대가를 반드시 지불해야만 한다는 사실을 언제나 기억하는 자세가 필요하다.

오늘날 '예상 경리법'이라고 알려진 경리 방법의 창안자인 미국의 프랭크 프로프의 예를 보자.

그는 가스 회사로 옮겨오자, 모든 기회를 놓치지 않고 다른 도시에 있는 회사들이 하고 있는 경영 방침을 연구하였으며, 이 때문에 종종 시찰을 위한 여행을 하기도 했다.

이러한 연구의 결과, 전기 가스 사업이라는 것은 수입과 지출을 정확히 산출할 수 있는 경영 방법을 쓰지 않으면 안 된다는 생각을 하게 되었다.

이리하여 그는 이미 지나가 버린 수지의 계산은 염두에 두지 않고, 앞으로 수개월 후의 수입과 지출을 예상하여 이것을 정확한 예산으로 짜가지고 사업을 운영하는, 이른바 예상 경리법을 탄생시킨 것이다.

프로프는 공동 출자한 '시티 서비스'라는 회사를 창립하였고, 15년 후에는 연간 수억 달러의 수입을 자랑하는 기업이 되었다.

이 회사에서는 2만 9천 명의 숙련 노무자를 고용하고 있었는데, 이때 그가 한 일은 인재를 발견하여 적소에 앉히는 일이었다.

그는 어떻게 창의성 있는 인물을 발견하여, 적소에다 등용시키느냐에 대해 다음과 같은 신조를 피력했다.

"가장 중요한 것은 열성과 창의성입니다. 비평을 두려워하지 않는 사람은 듣는 것을 부끄럽게 여기지 않고 얼마든지 남에게서 배우려고 합니다. 일에 정성을 다하며, 자기의 머리를 써서 문제의 처리를 해내는 사람은 반드시 뽑혀 올라가지요."

38 **망원경과** 현미경을 가지고

"부하 직원을 관리하기 위해서는 어떤 일에 임해서도 저 멀리
앞을 내다볼 줄 아는 안목, 즉 망원경 정신이 필요하다. 그리고
아무리 사소한 일일지라도 세심하게 검토하여 판단할 줄 아는
현미경 정신이 요구된다.
이것은 아무리 강조해도 지나치지 않는 문제이며, 동시에 관리
자로서 필수요건으로 갖추어야 할 자질이라고 할 수 있다."

'사업이란 목표가 없는 경영이다.'

이렇게 말하면 좀 혼란스러워하는 사람들이 많을 것이다. 이것은 역
설적인 말로서, 하나의 목표에 도달했을 때에는 다시 다음 목표가 선명
하게 부각된다는 점에서 그렇다.

거기에 도달했을 때에는 다시 다음 목표가 나타난다. 목표는 무한히
확대되어 항상 지평선 저쪽에 솟아 있다. 그렇지 않다면 사업은 발전하
지도 않고, 도전할 의욕도 솟아나지 않을 것이다. 그런 점에서 경영자
는 꿈을 좇는 로맨티스트라고 할 수도 있다.

망원경을 갖고 산 저쪽 하늘 높이 솟아 있는 높은 봉우리를 바라보면

거기에 도달하고 싶은 욕망이 생긴다.

선수를 치기 위해서는 첫째로 앞을 내다볼 줄 알아야 하는데, 이것을 선견지명이라고 한다. 바둑이나 장기에서는 초심자에게 '세 수를 생각하고 놓아라' 라고 가르친다. '내가 이렇게 하면 상대방은 이렇게 받을 것이다. 그때는 이렇게 가라' 는 방식이다.

최소한 자기가 지금 놓은 수와 다음에 놓을 수를 생각해서 놓으라는 말이다. 그러나 수에 약한 사람은 최선의 것이라고 놓았음에도 불구하고 상대방이 이에 응해서 다시 놓는 것을 보고는 순간적으로 놀란다.

즉, 상대방이 놓을 수를 미리 생각하지 않는 것이다. 이렇게 되면 제아무리 바둑을 많이 두어도 절대로 이기지 못하고, 늘지도 않는다.

이와 마찬가지로 회사에서는 지금 하고 있는 일 다음에 무엇을 할 것인가, 이것이 이렇게 안 되면 다음에는 어떻게 할 것인가, 또는 무엇을 해야 할 것인가를 생각하면서 현재의 일을 마무리 지어야 한다.

오디오 생산업체인 F 사의 경영자는 타사들은 수십만 원대의 스테레오를 만들고 있을 무렵에 수백만 원대의 스테레오 개발에 착수했다.

전자 제품으로는 아무래도 음질에 한계가 있다. 이상적인 기계를 만들려고 하면 끝이 없겠으나, 이상을 최소한으로 만족시킬 수 있는 기계를 만들려면 그 정도의 가격대는 되어야 한다고 생각했기 때문이다.

좋은 제품을 만들고자 하는 이상의 추구가, 당시의 일반 업계에서 보편적으로 가지고 있던 생각을 뛰어넘은 것이다. 마침내 그의 선견지명이 스테레오 붐을 가져왔다.

경영자가 예술가와 다른 점은 철저한 현실주의자여야 된다는 것이다. 꿈을 좇기만 하고 현실의 처리는 제대로 하지 못하면 꿈에 도달하기는커녕 현재의 생활도 제대로 할 수 없다.

그러므로 경영자는 일을 진행하는 데나 사람을 쓰는 데 있어서 매우 세심하게 배려하지 않으면 안 된다. 능숙한 사람은 사소한 일에도 소홀히 하지 않는다. 크게 잡으려고 벼르다가 여타의 것들이 부실하게 쓰러지는 것도 모르고 있다면 그것은 초보자나 다름이 없다.

경제면도 그렇다. '적게 모아 크게 써라.' 규모 있게 운용하지 않으면 목표가 있어도 긴요할 때에 사용할 수가 없다. 뛰어난 대국관大局觀과 세심한 배려가 조화 있게 어우러졌을 때에 한 판의 바둑이 예술적인 힘을 발휘하게 되는 것과 같은 이치이다.

경영에서의 대국관은 사람·물건·돈을 적절하게 균형을 맞추는 일이다. 이것은 발전의 원동력이 된다. 현재 이익이 된다고 해서 눈앞의 이익에 현혹되기보다는 장기적으로 계획을 세울 필요가 있다.

이 장기 계획의 모체가 되는 것이 선견지명과 대국관이다. 이것을 현실적으로 세심하게 처리하는 일이 바로 리더의 가장 큰 과제이다.

현대 산업사회는 지식과 정보가 지배하는 사회이다. 지식과 기술을 부지런히 흡수하고 앞을 내다볼 줄 아는 전망을 바탕으로 용기 있는 결단을 내릴 때, 기업이나 개인의 성공은 보장되는 것이다.

위태로운 회사는 늘 막다른 골목에 이르러서야 상담이나 도움을 청한다. 암의 예방은 빠를수록 좋다는 것을 알면서도 회사는 그 어떤 명의라도 손을 쓸 수 없는 상태가 되어서야 비로소 검진을 받으러 간다.

이런 고질적인 사고방식은 곧바로 회사의 추락과 이어진다. 그러므로 언제나 미래를 예측하는 자세야말로 관리자로서의 임무이다.

39 매력적인 인품은 필수

"어떤 관리자는 위엄 있는 목소리에 표정없는 얼굴, 명령에 익숙한 경우가 있다. 이런 사람 밑에 있는 부하 직원들은 항상 경직되어 있고 미소란 찾아볼 수 없다. 리더가 굳어 있으니 당연히 그 앞에서 웃을 수가 없는 것이다.
그러나 진정한 관리자는 항상 미소를 머금은 따스한 얼굴, 인간미 넘치는 표정으로 부드러운 말투를 몸에 익혀야 한다. 그것이 당신의 재산이다."

사람을 관리하는 입장에 있는 사람이라면 매력적인 인품의 소유자가 되어야 한다. 리더라면 늘 '실패는 윗사람 때문이고, 성공은 아랫사람 덕분이다'라고 생각할 줄 아는 각오와 도량이 있어야 한다. 개성이 강한 인물은 자기의 분신을 만드는 데 능숙하다.

비즈니스는 엄격한 것이다. 일은 정직한 것이므로 결과에 거짓이 없고, 사실이 축적된 것이므로 마음을 엄하게 다지고 덤비면 틀림없이 성공한다.

그런데 사람을 다스려야 하는 입장에 있는 사람 중에는 이 엄격함이라는 말을 잘못 생각하여 사람을 엄하게 평가하고 비판하려는 사람이 있다.

경영자 중에는 솔선수범한다는 의미에서 현장을 돌아다니고, 기름을 묻혀 가면서 직공의 사소한 잘못까지 책망하는 사람이 있다. 이런 사장은 걸레와 행주를 혼동한 방식을 사용하고 있는 셈인데, 만일 그렇다고 하더라도 거기에 포용력과 관용이 않으면 그런 사람은 부하가 따르지 않는다.

그러므로 사람을 관리하는 위치에 있는 사람은 매력적인 인품의 소유자여야 한다. 매력적인 인품의 포인트는 포용력이다. 사람을 대할 때 항상 그 사람의 플러스 측면을 보는 것, 즉 상대방의 장점을 끄집어낼 수 있어야 한다는 말이다.

매사를 선의로 해석하려는 마음이 있으면 관용의 마음도 생기게 된다. 현실적으로 만점인 사람은 없다고 생각해야 한다. 즉, 사람을 대할 때 70점을 기준으로 평가해야 할 것이다. 사실 사람을 평가하는 데 있어서 현실적으로 100점이란 있을 수가 없기 때문이다.

그런데도 세상에는 함부로 완전주의를 휘두르는 사람이 있다. 그래서 매사에 신경질적이고, 극히 사소한 일에도 마음 상해하는 사람이 많이 있다.

이런 사람은 남이 하는 일 하나하나에 신경을 쓴다. 그 반면에 자기가 하는 일에 대해서는 의외로 무신경과 무자각하다. 왜냐하면 자기가 하는 일이 가장 좋고 옳다고 생각하기 때문이다. 이런 유형은 지나치게 자의식이 강한 사람인 것이다. 이런 사람은 도가 지나치면 자신도 어쩔 수 없는 상황에까지 이른다.

이런 사람이 관리자라면 문제가 있다. 매사에 부하 직원들을 깅압직으로 지휘할 것이며, 질책과 고함이 난무하는 분위기이며, 능률의 상승은 저조하여 회사의 발전을 저해함을 물론이요, 자기 자신까지도 망치게 되는 것이다.

부하 직원의 장점을 더욱 발전시키기 위해서는 적당히 칭찬을 해주어야 한다. 꾸짖거나 소리를 지르는 것보다는, 칭찬해 줄 수 있는 점을 찾아 부드러운 목소리로 격려하는 것이 진정한 인품의 관리자라고 할 수 있다.

한 치 앞을 보지 못하고 자기 감정에 격한 나머지 일을 저지르는 사람은 부하 직원에게 씻지 못할 오점을 남기기 일쑤이며, 무엇을 위하여 지금 이 순간에 이곳에 내가 있는가를 알지 못하는 사람이다.

결국 관리자로서의 인품이 빵점인 사람으로 낙인 찍히고, 존경받지 못하는 상사, 사라져 버리기를 바라는 관리자로서 제1순위가 될 것이다. 어쩌면 '똥이 무서워서 피하는 게 아니라 더러워서 피한다' 는 속담이 그 회사의 유행어가 될 것이다.

이런 무서운 환경을 만드는 것은 그리 어렵지 않다. 한 사람의 관리자로서 바로 당신의 모습이 어떠하냐에 따라 커다란 기업, 소중한 자신의 회사가 벼랑 아래로 추락해 버리는 결과가 될 수도 있음을 명심해야 한다.

자기에게 전적으로 공감을 품고 있는 분신을 만들 수 있는 관리자, 그런 인품의 소유자라면 천 명, 만 명의 사람도 제대로 관리할 수 있을 것이다.

조직은 구성원의 능력을 최대한으로 활용해서 최대의 목표를 달성하기 위해 만들어진다. 그리고 업적은 회사와 구성원이 적절히 조화를 이루었을 때 얻어진다. 구성원을 융통성 있게 운용하는 일이야말로 더욱 중요한 관리자의 임무이다.

　미국 뉴욕 헨치사의 조사 결과에 따르면, 해고된 간부들 중 83퍼센트는 자신의 능력과 성취에 대해 별로 관심이 없다는 것이 밝혀졌다. 사람을 관리하기 위해서는 무엇보다 자기 자신에 대한 관심이 선행되어야 하고, 자신에 대한 관리를 우선해야만이 다른 사람을 잘 관리할 수가 있다는 얘기다.

40 실증 정신의 힘

"어떤 사안에 접했을 때 단지 부하 직원의 보고만으로 일처리를 하는 경우에는 일의 앞뒤를 모르고 처리하는 실수를 범할 수가 있다. 그러므로 결정을 내리기 전에 그 일의 이해득실을 정확한 근거 자료에 의해 따져보아야 한다.
그래서 결정을 내리게 된 정확한 산출을 부하 직원들에게 보였을 때, 당신의 설득력은 그 누구도 반대할 수 없는 완전한 것이 되는 것이다."

유럽 사람들은 실험 정신이 왕성한 것으로 알려져 있다. 무엇이든지 실험을 해보지 않으면 만족하지 않는다. 근대를 개화시킨 것은 이 실증 정신의 힘이다.

따라서 사실에 입각해서 판단하고 행동하는 습관을 몸에 지닌다고 하는 것은 현대 비즈니스맨뿐만 아니라, 리더로서의 기본 원칙 가운데 하나이다.

현지주의 · 현품주의, 즉 이것은 마케팅 실증주의를 말한다. 무엇인가가 생기면 현지에 가서 눈으로 직접 살펴보고 반드시 라이벌 상품과 자사의 것을 손에 들고 비교해 본다. 간단히 사용할 수 있는 것이라면 어떤 용도로 쓰일 수 있는지 테스트까지 해본다.

전자제품 생산업체 A 사에서 자사 제품이 팔리지 않으므로 값을 내려야 한다는 의견이 제출되었다.

그러자 발의자인 간부들을 앞세우고 실제로 라이벌 상품과 비교해 보았는데, 아무도 값을 내려야 할 이유를 설명할 수 없었다.

팔리지 않는 이유가 제품에 있는 것이 아니라 여타 다른 것에 있다면, 그 문제를 해결하지 않고서 값만 내려봐야 매출은 개선되지 않는 것은 당연하다. 그때 현품을 앞에 놓고 이야기하면 비로소 납득하는 표정이 된다.

즉, 일은 현장에서 진행해야 한다. 현장을 떠나서 생각하면 생각이 공회전한다. 부하 직원에게 끼치는 영향력도 적다. 관리직의 지위가 높을수록 현장으로부터 이탈되기도 쉽다.

왜냐하면 관리자는 대개 책상 위에서만 일을 진행하려는 경향이 강하기 때문이다. 그러나 그렇게 하면 실태를 파악할 수 없고, 그릇된 정보를 바탕으로 생각하게 되므로 위험의 소지가 크다.

이것은 특히 경영자가 주시해야 할 사항이다. 지사?공장?현장 사무소 등 모두 자기의 발과 눈으로 확인해 보면 반드시 의외의 사실을 발견하게 될 것이다.

지금도 공장에 가서 직접 작업복을 입고 별다른 용무가 없는 시간을 모조리 현장에서 보내는 사장이 있다. 왜냐하면 그에게는 공장이 회사의 생명이기 때문이다.

어떤 트러블이 일어나면 반응하는 유형이 대개 이와 같다.

"잠깐 내 방으로 와주시오."

그러고는 방에 가서 정황의 보고를 듣고, 부하 직원에게 따져 묻고 하면서 시간을 보내는 관리자도 많다. 이것은 결코 바람직한 방법은 아니다.

그 일이 어디서 일어났는가를 듣고서 곧바로 현지로 달려가라. 안락의자에 앉아 있기만 해서는 사실을 재대로 파악할 수 없기 마련이다. 경영은 사실과 현실의 축적이기 때문이다.

경영자가 구름 위에서 편안히 앉아 있으면 정보를 정확히 파악할 수 없음은 두말할 나위 없다. 그러므로 틈만 있으면 현장을 돌아보라. 이것은 때로 감시의 효과를 얻기도 한다.

몸소 사실을 보고 정보를 정확히 파악하는 것이 주목적이지만, 일하는 사람의 규율을 강화하고 사기를 높이는 부차적인 효과까지 얻을 수 있는 일거양득의 효과를 취할 수 있으므로 매우 바람직한 태도이다.

사사로운 일에까지 철저하게 관리를 함으로써 어려운 경제 상황에도 난관을 헤쳐나온 기업이 있었다.

그 회사의 사장은 용모나 동작은 털털하지만, 그는 공사公私 구분이 엄격하고 솔선수범하여 절약하는 데 있어서 현대 경영자 중에 가히 독보적으로 뛰어난 사람이었다.

따라서 그 회사의 절약성은 철저했다. 외부에서 온 봉투 하나도 가벼이 버리지 않았다. 게다가 발신자·수신자 등을 적어 넣는 난에 다른 종이를 붙여서 사내 연락용 메모지로 사용했다.

전화의 경우도 본사에서 지방의 공장으로 걸 때 정기적으로 정해진 시간에 일괄적으로 용무를 끝마치도록 했다.

이렇게 사사로운 것들을 것을 절약했을 때의 이득을 산출해 보고, 그 이득이 회사의 성장률과 직결된다는 것을 경영자가 직접 실증해 보였을 때, 누구도 반대 의사를 낼 수 없었다.

미국의 철강왕 앤드루 카네기는 이렇게 말했다.

"무한하게 열심히 일하는 사람은 그 대상이 무엇이든지 간에 반드시 성공할 수가 있다."

즉 최고 지위인 관리자인 입장일지라도 탁상공론만 하고 있을 게 아니라, 항상 발로 뛰는 자세로 임하는 것이 관리자로서의 커다란 힘이 될 것이다.

뒤집어 보는
생각의 전환
- 신개념 리더

41 동기부여하여 효율을 높여라

"당신은 어떤 뚜렷한 목표가 있는가? 지금 하고 있는 일을 앞으로도 영원히 유지해 갈 것인가? 아니면 좀더 나은 조건의 사업이나 회사로 바꿀 것인가?
미래에 대한 계획은 당신에게 강력한 동기를 부여해 준다. 꾸준히 앞으로 나아갈 힘을 밀어주는 것이다. 하루하루를 틀에 박힌 채 생활하는 사람에겐 빛나는 예지와 불타는 의지도 없다.
당신의 인생을 신나고 즐겁고 행복하게 해줄 그 무엇이 있다면, 당신은 그것을 잡을 준비가 되어 있는가?"

미국의 론스타 빌더스사의 CEO인 로니 셸리는 이렇게 말했다.

"성공의 주요 원인은 열심, 동기부여, 야망, 추진력, 욕망, 에너지이다. 자기 자신에게 동기부여를 할 줄 모르는 살마은 그들에게 어떤 능력이 있든지 간에 흐리멍텅하다는 평가밖에는 얻을 게 없다."

흔히 세일즈맨에게 '그룹 중 가망 고객 찾기'라고 불리는 기법이 있는데, 그에 관한 재미있는 예가 있다.

미국 서부에 사는 어느 부자에게 결혼 적령기에 있는 딸이 있었다. 그래서 그는 자기 딸을 위해 파티를 개최하기에 이르렀다. 마을에 사는 모든 총각들을 다 초대하여 그들 중 신랑감이 될 사람이 있는지를 살펴보기 위해서였다.

수많은 젊은 총각들이 그의 큰 목장에 다 모이자, 그 부자는 청년들을 올림픽 수영장만큼이나 크고 넓은 자기 수영장으로 오게 했다. 그런 다음 이렇게 공표했다.

"수영장 이쪽에서 저쪽까지 헤엄을 쳐서 가장 먼저 도착하는 젊은이는 세 가지 중 하나를 선택할 수 있다."

그 세 가지란 첫째 현금 1백만 달러였고, 둘째는 가장 좋은 땅 1만 에이커, 셋째는 그의 아름다운 딸과 결혼하는 것이었다. 그의 딸은 유일한 상속인이므로 그녀와 결혼하는 남편은 큰 땅을 소유하게 될 것이라는 것까지도 말해 주었다.

부자의 말이 떨어지자마자 젊은이들은 풀장으로 뛰어들었다. 얼마 후 풀장 저편에서 한 젊은이가 밖으로 나갔다. 누구도 따를 수 없는 세계 기록을 수립한 것이다.

수많은 젊은이들과 처녀의 아버지가 그를 축하하기 위해서 풀장 저쪽으로 달려갔다. 그는 심호흡을 하고 있었다. 부자는 흥분한 어조로 젊은이에게 말했다.

"잘했어, 젊은이. 이제 자네에게 선택권이 주어져 있어. 현금을 택하겠는가?"

그러자 젊은이가 대답했다.

"아닙니다. 전 그것을 원치 않습니다."

그러자 부자가 다시 물었다.

"그러면 가장 좋은 땅을 원하는가?"

"아닙니다."

젊은이의 대답에 부자가 다시 물었다.

"그렇다면 아름다운 내 딸을 원하는군."

"그것도 아닙니다."

부자는 당황했다. 그러고는 조금 불만스런 어조로 말했다.

"그렇다면 자네가 원하는 것은 대체 무언가?"

그러자 젊은이가 대답했다.

"제가 원하는 것은, 나를 풀장으로 들어가게 만든 부자의 이름을 아는 것입니다."

젊은이는 자신의 행동에 대한 이유가 무엇인지를 알고 싶어했다. 이렇게 해서 부자의 동기부여는 어긋나 버렸던 것이다.

당신이 다른 사람을 현명하게 다루기 위해선 상대방에게 적절한 동기를 부여해야 한다. 자신과 남들에게 동기를 부여하는 성공적인 사람들은 자신의 동기와 남들의 동기가 무엇인지 잘 알고 있는 사람들이다.

당신이 다른 사람에게 동기를 부여하고자 한다면 당신은 그들의 이유·목적·원인을 알고 있어야 한다. 당신은 그들이 당신의 동기에 의해서 행동해 주기를 원하고 있지는 않는가?

훌륭한 관리자란, 다른 사람으로 하여금 그들 자신의 개인적인 성공을 위해서 필요한 행동을 하도록 격려할 수 있는 사람을 말한다. 즉, 뛰어난 사원은 잠재력을 키워줄 관리자의 격려에 의해서 움직인다.

이 잠재력은 훌륭한 인격의 일부분이 되고, 다른 사람들과 차별화되는 근거가 되며, 내가 가진 능력을 헌신하도록 해주고, 마침내는 태양처럼 빛나게 될 것이다.

사원들을 움직이게 하려면 그들로 하여금 중요한 역할을 하도록 동기부여를 하고, 그들이 빛나도록 기회를 주며, 그 기회를 살릴 수 있도록 지식과 도구를 제공해야 한다. 그러므로 성공적으로 사원들의 동기를 끌어내려면, 그들에게 일을 시키는 사장이 될 것이 아니라, 그들과 함께 일을 하는 사장이 되라.

42 **방법을** 가르쳐 주는 리더

"업무 수행에 있어서의 노하우는 숱한 시행착오 끝에 생기는 경우가 많다. 그러므로 부하 직원에게 실수하거나 잘못하는 일이 없도록 사전에 일에 대해 일일이 가르쳐 주는 것은 오히려 그를 무능한 사람으로 만드는 것임을 명심하라.
일에 전념하여 잘 매달릴 수 있도록 멀리서 지켜보며 이끌어 주는 일, 그것이 당신의 임무이다."

유태인 속담에 이런 말이 있다.

'고기를 잡아서 주기보다 잡는 법을 가르쳐 주면 평생 고기를 먹을 수 있다.'

부하 직원을 아끼고 보살펴 주는 것은 좋은 일이다. 그러나 정말로 그를 아낀다면 그가 원하는 것을 다 들어주는 일은 삼가는 것이 좋다.

부하 직원의 개성을 존중하고 능력을 진실로 인정한다면 그에게 무엇이 의미가 될 수 있는 일인가를 생각하여 그것과 관련된 일에 도움의 손을 뻗는 것이 좋다.

회사에서 상사가 부하에게 일을 맡기고 지도하는 경우에도 이런 마음가짐이 있어야 한다. 그러나 어떤 일을 가르친다는 말은 방법적으로 처음부터 끝까지 가르치는 것을 의미하지는 않는다.

어떤 일을 해야 하는가? 무엇을 달성해야 하는가? 일의 과정에서 무엇을 발견할 것인가? 이런 면에서 그 사고 방법의 뿌리를 심어주는 것이 중요하다. 처음부터 끝까지 가르치는 일은 부하를 단순히 흉내 내는 원숭이로 만들 뿐이다. 한마디로 부하는 상사의 끈으로 조종되는 인형이 아니다.

젊은 사원을 대상으로 〈어떤 상사를 가장 싫어하는가?〉라는 설문 조사를 한 바에 따르면, 그 제1순위가 '지나치게 자상하고 사소한 점까지 잔소리를 하는 상사' 로 꼽혔다.

그 이유는, 상사가 너무 사소한 것에까지 간섭할 때는 부하 직원으로서는 개성을 말살당한다고 느끼기 때문이었다.

자유롭게 능력을 발휘할 수 있는 여지가 없으면 책임감도 생기지 않는다. 그러나 창의력을 발휘할 수 있는 여지가 있을 때 비로소 나의 일이라는 자부심과 책임감을 느끼게 되는 것이다.

그러므로 사소한 것까지 가르치는 배려는 한 사람의 개성을 죽이는 일이라고 보면 된다.

어떤 업무나 원론적으로 처리해야 되는 일과 개별적인 노하우를 가지고 처리해야 하는 일이 구분되어 있다.

지식이나 테크닉은 가르칠 수 있지만, 노하우는 작업자 스스로 수없는 시행착오를 통해 발견해 내는 것이다. 그에게 필요한 것은 발견의 방법이다. 어떤 생각에 대한 직감적인 예감이나 방법에 대한 개별적인 노하우는 각자가 일의 진행 과정을 통해서 스스로 발견하고, 그것을 몸에 지니게 된다.

예술가나 명인들이 제자를 연한제로 두는 것은 바로 체득의 기회를 주기 위해서 라는 사실을 참고해 보라.

소크라테스가 자기의 교수법을 조산술이라고 말하고 자신을 조산원이라 일컫은 것은, 제자가 스스로 능력을 개발하고 스스로 창조를 알아갈 수 있도록 돕는다는 의미에서였다.

경영이 어딘지 바람직하지 못하다든가, 어디에 결함이 있는지 모르겠다는 경우는 대개 부하 직원에 대한 사고방식이 잘못돼 있는 경우가 많다.

경영이란 최고경영자가 세운 방침을 사원의 능력을 통해서 실현시키는 것이고, 조직이란 그 방침을 구체화시키기 위한 수단이다. 따라서 커뮤니케이션이 나쁜 조직은 조직 본래의 기능을 다할 수 없게 된다.

오늘날과 같이 풍요로운 사회 속에서도 보람을 찾아서 일하는 사람은 분명한 목표와 정확한 정보를 원하고 있는 것이다.

관리자일수록 이러한 정보를 빠르고 정확하게 알고 있어야 한다. 그것을 부하 직원에게 시간과 공간과 방법이라는 기회를 주어 그들도 자신의 보람을 찾아 일할 수 있도록 도와주는 것이 바로 관리자의 임무 중 하나이다.

"사업은 사람을 경영하는 것이다."

"사업은 사람과 사람의 조직이다."

이 말은 바꿔 말해서 하나의 조직을 이끄는 사람으로서의 경영자나 관리자가 부하 직원들을 얼마나 잘 다루느냐에 따라 한 기업의 성패가 달려 있다는 말이다.

그만큼 관리력의 중요성을 일깨워 주는 말이다. 한 사람의 내재된 능력을 발휘케 하는 힘, 그것은 그에게 고기를 잡는 방법을 가르쳐 주는 것으로 충분하다.

43 부하 직원을 위축시키지 말라

"자기의 주장을 관철시키기 위해서 타인의 감정을 짓밟는 경우
도 있다. 상대방의 자존심 같은 것은 전혀 고려하지 않는 태도이
다. 면전에서 부하 직원을 윽박지르기보다. 좀더 신중하게 한마
디 진심어린 말을 건네고 상대방의 심정을 이해해 주면, 그것으
로 일은 훨씬 더 잘되어 갈 때가 많은 것이다."

상대방의 체면을 세워준다는 것은 매우 중요한 일이다. 그러나 그것
의 중요함을 잘 이해하고 있는 관리자가 아니면 이 중요성을 쉽게 간과
하게 된다.

상사가 부하 직원의 체면을 깎아내리는 행위를 했을 때, 그에 대한
부하 직원의 반응은 성격에 따라 다음 세 가지로 나누어진다.

첫째, 무반응형.

이런 사람은 실수를 범하거나 목표를 달성하지 못했기 때문에 상사
에게 호되게 야단을 맞아도 별로 마음의 상처를 받지 않는다. 그리고
자신이 아무리 큰 잘못을 저질렀더라도 그 실패에서 얻는 교훈을 배우

려 하지 않는다.

둘째, 비개성형.

이런 사람은 상사에게 야단을 맞으면 그 충격이 커서 얼굴은 금세 창백해지고 의기소침해진다. 자칫 상황이 나빠지면 다른 동료를 원망하고, 회사나 상사에 대해 불평불만을 토로하며, 마음속으로 반항심을 품는 스타일이다.

셋째, 개성형.

이런 사람이 상사에게 야단을 맞으면 역시 충격을 크게 받는다. 그러나 비개성형과 다른 점은 자기의 잘못을 솔직하게 시인한다는 것이다. 그리고 실패를 통해 뚜렷한 교훈을 얻으며, 자신의 뒤떨어진 점을 보완하려고 보통 사람보다 더 노력하는 스타일이다.

체면을 깎이는 본인으로서는 씻기 어려운 최대의 치욕이 되는 것은 당연하다. 그 결과 자신감을 잃고 업무 의욕은 저하되며, 상사나 동료의 기대에 보답하려는 욕구도 상실하게 된다.

그러므로 개성이 강한 부하 직원이라 할지라도 체면을 함부로 깎아 내려서는 안 된다는 뜻은 아니다. 개성이 강한 사람일수록 자존심이 강하기 때문에 돌연 반항적인 사람으로 돌변할 수도 있으므로 더욱 신중을 기해서 호통을 쳐야 한다.

리더로서 사람을 육성한다는 일은 그 사람에게서 무엇인가 가치 있는 것을 끌어내려고 하는 것이다. 그러나 체면을 잃게 한다는 것은 그 사람에게서 최악의 것을 끌어내는 결과가 될 수도 있다.

부하의 체면을 생각해 주지 않으면 부하는 상사나 동료의 기대에 보답하려는 노력을 하지 않고 의욕을 상실한다. 그 결과, 나쁘게 되면 자포자기하는 경우도 있다.

현명한 리더라면 함부로 부하의 체면을 깎지 않도록 배려하는 마음가짐이 부하를 살리고, 부하를 키우는 길임을 명심해야 한다.

미국의 제네럴 일렉트릭사社는 찰스 스타인메츠 부장의 인사 문제로 고민하고 있었다. 스타인메츠는 전기에 있어서는 일류급이었으나 기획 부장으로서는 적임자가 못 되었다. 회사로서는 그의 감정을 상하게 하고 싶지 않았다. 그는 유능한 반면 대단히 신경질적인 사람이었다. 그래서 회사는 새로운 자리를 만들어서 그를 그 자리에 임명하였다.

'제너럴 일렉트릭 고문기사'라는 것이 그의 직함이었다. 하지만 일의 종류는 별다른 것이 없었다. 그리고 부장에는 다른 사람을 발령했다.

스타인메츠도 기뻐했다. 중역들도 물론 기뻐했다. 그처럼 다루기 어려운 사람에게 체면을 당당히 세워줌으로써 무사히 넘길 수 있었던 것이다.

자기의 주장을 관철시키기 위하여 다른 사람의 감정을 짓밟는 경우도 있다. 상대의 자존심 같은 것은 전혀 생각하지 않는 태도이다. 면전에서 부하 직원을 윽박지르기보다 좀더 신중하게 한 마디 진심어린 말을 건네고 상대방의 심정을 이해하여 주면, 그것으로 일은 훨씬 잘 되어갈 것이다.

44 '안 된다'는 생각 속에 숨은 비밀

"안 된다는 생각이 만연되어 있는 회사에서는 '지금까지의 방법으로는'이라는 말을 빼어 버린 안 된다의 괴변에 속아, 지금까지의 상식 범위 안에서 '역시 어려워, 안 되겠어' 하고 상식을 재확인하는 것으로 그쳐 버린다.

이것은 소위 경험이 많은 베테랑이 많을수록 더욱 고질화되어 있는데, 이 얼마나 아이러니컬한 이야기인가."

흔히 "안 된다", "무리다", "어렵다"는 말을 쉽게 내뱉는다. 그런데 그 이면에 여러 각도의 말이 생략되어 있음을 알 수 있다.

첫째, '지금은 안 된다'는 의미가 생략되었다면 이것은 광맥을 잡은 행운이다. 지금 당장 안 되는 일일수록 커다란 성과를 달성하는 예가 많다. 그럴수록 지금 당장 착수해 보라. 그러면 다음 할 일은 정해져 있다. 우선 하려는 의욕을 내어서 지금 할 수 있는 범위 내에서 단 1퍼센트라도 준비를 하거나 조사를 하게 된다.

'앞으로 몇 년을 걸려야 완성할 수 있을까?' 하는 생각은 하지 않는다. 순풍을 만나면 3년 안에 완성될지도 모른다.

운이 나쁘면 10년이 걸릴 수도 있다. 그러나 그것은 문제가 안 된다. 중요한 것은, 어차피 해야 할 일을 조금씩 끈기 있게 쌓아올려 간다는 것이다. 이것이 언젠가는 기회로 변신하기 때문이다.

세상에는 머리는 좋아도, 끈기가 없는 사람이 많다. 끈기는 경쟁에서 승리하는 비결임은 두말할 필요가 없다.

둘째, '나 혼자서는 안 된다'는 의미가 생략되었다면 그 다음 순서는 '누구의 힘을 이용하면 된다'는 것이다.

소심하고 착실한 사람은 흔히 어떤 일을 해낼 수 있는지, 없는지를 자기와 부하 직원의 범위 안에서 판단하여 좀 무리일 것 같으면 불가능하다고 결정해 버린다.

본래 리더란 사람의 힘을 이용하는 것이 그 직분 아닌가. 그리고 그것은 부하 직원들의 힘에 국한된 것은 아니다. 자기 부서의 힘으로만 부족하다면 다른 부서의 힘을 청할 일이다. 또 자기가 이용할 수 있는 범위가 꼭 자회사에 국한될 필요도 없다.

업자 · 고객 · 상담역 · 다른 회사 사람 등 누구를 부려도 상관이 없다. 공동의 연구, 공동의 판매 등 그룹의 넓은 힘을 활용하는 것도 좋다.

셋째, '이제까지의 방법으로는 안 된다'는 의미가 생략되었다면 그 답은 간단하다. 지금까지와는 다른 방법을 쓰면 되기 때문이다. 이제까지의 방법이나 사고방식을 개혁하는 일 역시 리더의 임무 중 하나이다.

지금 당장 100퍼센트를 할 수 없다면 할 가치도 없다는 사고방식은 '전부냐, 아니면 제로냐'라는 태도이다. 이것을 신입 사원이 주장한다면 그래도 용서할 수 있다. 아직 세상을 잘 모르는 사람이 백이냐, 혹이냐, 완전이냐, 불완전이냐를 판가름하고 싶어하는 것이니 애교로 받아들일 수도 있다.

그러나 적어도 리더라면 이런 생각은 커다란 수치라고 보면 된다. 아무리 어려운 일이라도 마음만 있으면 100퍼센트 중에서 단 5퍼센트나 10퍼센트쯤은 현재의 인원으로 경비를 쥐어짜서라도 착수할 수 있게 마련이다.

우선 그것을 해야 하는 것이다. 그리고 내년에는 15퍼센트, 후년에는 30퍼센트……라는 식으로 끌어올리기 작전을 써볼 수 있다.

세계 유수의 대기업들이 하루아침에 이루어진 예가 있는가 보라. 그들은 처음에는 전혀 불가능해 보이는 일을 시작하여, 10년, 20년 이상 매일같이 꾸준히 같은 일을 해온 결과 오늘날의 업적을 이루었음을 기억하라.

다른 사람들이 생각하기 전에 그 일에 착안하여, 그것을 조금씩 쌓아올려서 드디어 완성해 낸 일은 그만큼 견고하다. 뒤늦게 다른 회사에서 그 일에 생각이 미쳤을 때에는 도저히 단시일에 흉내 낼 수 없는 노릇이고 보니, '저것 좀 봐' 하는 사이에 다른 회사를 제쳐놓고 성장해 가기 마련이다.

그러므로 "안 된다", "무리다", "어렵다"는 말이 누구의 입에서 나오거든 거기에 어떤 말이 생략되었는지를 반드시 생각해 보라. 그리하여 "안 된다"란 말 뒤에 어떤 의미가 숨어 있는지를 파악하여, 위의 원칙대로 실행해 나가면 당신은 리더로서 성공하는 것이다.

45 잘못을 스스로 깨닫게 하라

"상대방이 잘못을 범했을 때 그것을 노골적으로 지적한다는 것은 상대방으로 하여금 반항심을 일으키고 전투의 준비를 시키는 것과 같다. 사람을 설득하고 싶으면 눈치채지 않게 교묘하게 해야 한다.
사람들은 우연한 기회에 자기의 사고방식을 바꾸는 경우가 종종 있다. 그러나 남으로부터 지적을 당했을 때는 화를 내고 고집을 부리며 분개하게 마련이다."

"될 수 있으면 남보다 현명해져라. 그러나 자기의 현명함을 남에게 강요해서는 안 된다."

영국의 정치가이자 사상가인 프랭클린의 처세훈이다.

사람을 다루는 방법과 자신의 인격을 도야하는 방법을 알고 싶다면 벤저민 프랭클린의 자서전을 읽어보라.

플랭크린은 언쟁을 좋아하는 자신의 나쁜 버릇을 극복하고서, 어떻게 하여 유능하고 온화하고 사교적인 수완에 있어서 세계적인 인물이 되었는가에 관해 다음과 같이 말하고 있다.

"나는 남의 의견을 정면으로 반대하거나, 나 자신의 의견을 단정적으로 말하지 않기로 했다. 결정적인 표현, 예컨대 '확실히' 나 또는 '의심할 여지 없이' 라는 말 대신, '나로서는 이렇게 생각하는데', '현재로서는' 등의 말을 사용했다. 상대방의 주장이 확실히 옳지 않더라도 즉각 이를 반대하거나 상대방의 잘못을 지적하지 않기로 한 것이다."

대부분의 사람은 자기 식의 편견을 갖고 있으며, 선입견 · 질투 · 불신 · 공포 · 자만심 등으로 사고방식이 굳혀져 있기 마련이다. 그리고 자기의 주장이나 주의, 종교 또는 취향?사고방식을 좀처럼 바꾸려 하지 않는다.

루스벨트 대통령이 취임했을 때, 자신이 생각하고 있는 것의 75퍼센트만 옳다면 그 이상 바랄 것이 없겠노라고 고백한 적이 있다. 한 위인의 최고율이 그 정도라면 평범한 사람들은 과연 어떨까.

자기가 생각하는 것의 60퍼센트가 분명히 옳다고 확신할 수 있는 사람은 대단한 사람이다. 이런 맥락에서 볼 때 나는 과연 정면으로 남의 잘못을 지적할 만한 자격이 있을까 생각해 보라.

눈짓 또는 말이나 몸짓 등으로 상대방의 잘못을 지적하고, 특히 다른 사람이 있는 자리에서 공공연하게 지적한다면, 상대방이 스스로 자기의 잘못을 깨닫게 하는데 실패하게 된다. 정면에서 상대방의 잘못을 지적한다는 것은 상대방을 욕하는 것과 다름이 없다.

많은 사람이 있는 장소에서 공공연하게 잘못을 지적해서 상대방의 동의를 얻을 수 있다고 생각하면 큰 오산이다. 오히려 상대방은 자기의 지능과 판단 · 긍지 · 자존심 등에 커다란 상처만 입게 될 뿐이다.

그는 반격하려는 생각만 할 뿐, 당신의 지적을 고맙게 여기고 자신의 마음을 바꾸려 하지는 않는다. 이런 점을 반드시 염두에 두어야 한다.

"그럼 당신에게 이유를 설명하지요."

이것은 다른 표현으로 하자면,

"나는 당신보다 머리가 좋다. 그러니 당신의 생각을 고쳐주겠다."
라고 말하는 것과 같다.

그야말로 도전인 것이다. 상대방에게 반항심을 일으키고 전투의 준비를 시키는 것과 같다.

그러므로 상대방이 틀렸다고 생각될 때는 다음과 같이 서두를 꺼내는 것이 좋다.

"실은 나는 그렇게는 생각지 않습니다만, 내가 틀렸을 수도 있겠죠. 잘못되어 있다면 고치고 싶습니다. 다시 잘 생각해 보지요."

"아마도 나의 잘못일 겁니다. 나는 자주 틀리거든요. 다시 잘 생각해 보지요."

이런 말은 이상하게도 효력이 있다. 이렇게 말할 때 반대하는 사람은 거의 없을 것이다.

이것은 또한 과학적인 방법이다.

북극 탐험가로서 유명한 과학자 스토퍼슨은 11년간 물과 고기만으로 북극 생활을 견딘 사람이다. 그에게 무엇을 증명하려 했는가 라고 질문을 하자,

"과학자란 아무것도 증명하려 하지 않습니다. 다만 사실을 발견하려 할 뿐입니다."
라고 답했다.

당신도 과학적으로 사물을 생각하는 습관을 가져보라. 스스로 노력하면 얼마든지 가능한 일이다.

'아마도 저의 잘못일 겁니다' 라고 말하면 귀찮은 일이 생겨날 염려는 없다. 오히려 그것으로 시비가 종결되고, 상대도 이쪽에 관대하고 공정한 태도를 취할 것이다.

46 **부하 직원을** 잘 파악하는 힘

"부하 직원을 육성하는 능력과 업무에 대한 능력은 양립되기 어려운 경향이 있다. 대개 판단이 빠르고 일에 대해 탁월한 능력을 갖춘 관리자는 부하 직원이 우물쭈물하는 것을 보고만 있지 못한다. 왜냐하면 일이 우선이라는 생각 때문에 그 일을 처리하는 것이 선결 문제요, 부하 직원을 지도하는 일은 뒤로 미루기 때문이다."

　어떤 부하 직원에게 업무를 맡길 경우에 '이 사람이 이 업무를 한다면 어떻게 될까?'를 내다본다는 것은 관리자에게 있어 상당히 중요한 일이다.

　'A는 너무 서둘러서 맹목적으로 내닫다가 실패할지도 모른다. B는 엉덩이가 무거워 내버려두면 언제까지나 움직이지 않고 있을지 모른다. C는 다른 동료와의 절충에서 힘에 겨워 쩔쩔맬지도 모르고, D는 말썽을 일으켜 다른 사람들에게까지 폐를 끼칠지도 모른다.'

　이런 생각을 미리 해볼 필요가 있다. 이밖에도 다른 여러 가지를 추측해 볼 수 있는데, 얼마 동안이나마 같은 회사에서 근무한 부하 직원에 대해 이런 판단을 내리기가 곤란하다면, 그런 리더는 문제가 있다고 볼 수 있다.

'그가 어디에서 좌절될 위험이 있는가?

'어디에서 장애를 만날 것인가?

'틀림없이 A 부서에서 크레임을 걸어 본인이 혼쭐날 거야.'

'그가 먼저 주변의 협조를 얻어야 할 텐데, 그 친구가 과연 그 일을 해낼 수 있을까?

이런 경우라면, 당신은 미리 그들을 모아놓고 취지를 얘기해 주는 등, 사전에 예측되는 장애를 의논하여 일하기 쉬운 환경을 만들어 주는 배려가 필요하다.

이런 능력은 다시 말해서 부하 직원이 할 수 없는 일을 당신이 대신 해 주어야 할 것은 무엇인가? 하는 것을 미리 내다볼 수 있어야 한다는 뜻이다.

또 부하 직원의 성격에 따라서 아무리 곤란한 문제가 있어도 좀처럼 입을 열지 않는 타입도 있다. 이런 사람에게, "어려운 일이 있거든 언제라도 내게 청하라" 라고 말해 봐야 먹히지가 않는다.

가끔 먼저 말을 걸면서,

"어때, 지난번 오더order는 할 만한가?"

하고 물어주어야 한다. 이런 때를 놓치면 이미 문제가 발생된 연후라든가, 돌이킬 수 없는 상황이 벌어질 수도 있음을 명심하라.

이런 의사소통은 부하 직원의 책임이 아니라, 전적으로 당신의 책임에 속한다. 물론 간부의 지원도 사정에 따라 달라야만 한다.

만일 의존심이 강하여 언제까지나 독자적으로 일을 수행해 나갈 수 없는 부하 직원이라면 지나치게 거들어 주는 경우 도리어 일을 망칠 수도 있다.

이런 부하 직원은 일찌감치 거센 풍랑 속으로 내보내라. 그것이 그를 육성시킴에 있어 바람직한 경우가 된다.

문제는 일하기 쉬운 환경을 조성해 줌으로써 부하 직원으로 하여금 용기를 가지고 나갈 수 있게 해주어야 한다.

리더가 부하 직원을 파악하는 능력이 없다면 부하를 키워주지도 못할 뿐더러 튼튼한 신뢰 관계를 유지하는 것도 어렵다.

어떤 리더는 모든 일을 혼자 해치우는가 하면, 또는 지나치게 부하 직원을 보호하여 도리어 일을 그르치거나, 아니면 팀 전체가 모험을 미리미리 피하는 덕에 관리자나 부하 직원 모두가 낭패를 본 경험이 전혀 없는 회사도 있다.

경영에는 모험이 따르게 마련이다. 경영자뿐 아니라 중견 간부나 일선 감독관들에게도 언제 어디서나 모험은 성장과 더불어 필수불가결하게 부닥치는 일인 것이다.

그러므로 진정한 리더는 효과적인 업무를 수행해 내기 위해 적합한 부하 직원을 색출하여 임무를 맡기는 안목을 가지고 있어야 한다.

리더라고 하여 권한을 내려준다는 차원에서 어렵고 하기 싫은 일은 무조건 부하 직원에게 일임한다는 인상을 주면 아무리 충성심이 강하고 유능한 부하라도 당신이 기대하는 효과를 안겨주지 않을 것이다.

당신이 얼마나 부하 직원을 잘 파악하고 있느냐에 따라 리더로서의 당신의 능력이 가늠되는 것임을 명심하라.

47 창의력을 찾아라

"미래지향적인 사고를 가지고 변화하는 환경에 대비하기 위한
창의력은 기업·사회·문화·교육·경제 등 어느 분야에서도 필
요한 요소이다. 이것은 특히 치열한 경쟁이 벌어지고 있는 현대
의 기업 환경에서는 인재 선발 요건에서 빼놓을 수 없는 요소이
며, 성공한 사람들의 대부분이 그와 같은 미래지향적인 창의력
을 밑바탕으로 그 분야의 전문가로서 성장해 나간 것이다."

    세계 최초로 측우기를 만들어 우리 과학사에 큰 발자취를 남긴 장영
실은 본래 관노의 신분이었으나, 창의적인 발상으로 사고방식을 전환
시킴으로써 조선 시대의 대과학자가 될 수 있었다.

    그런데 아무리 탁월하게 창의력을 발휘하는 직원이 있더라도 그 창
의성을 알아보는 경영 관리자의 눈과 지원이 없다면 그 창의력은 햇빛
을 못 보게 된다.

    장영실은 당시의 현장 지도자인 현감과 중간 지도자인 관찰사를 통
해서 최고 지도자인 세종대왕에게 천거되었다. 이렇듯 사람을 보는 눈
은 최고 지도자인 세종대왕뿐만 아니라, 현장 관리자와 중간 지도자에

게도 필요한 것임을 역사는 보여주고 있다.

현재의 기업이나 조직 내에서 조직원들로 하여금 창의력을 발휘하게 하려면 최고경영자들과 중간 간부들 스스로 창조적인 사고방식을 지녀야 할 뿐만 아니라, 창의력을 지닌 사원들을 발굴할 줄 아는 안목을 갖추고 있어야 한다. 그리고 그들이 평소의 업무를 수행하는 가운데서도 마음껏 창의력을 발휘할 수 있도록 환경을 제공해 주는 동시에, 꾸준하게 유지시켜 주어야 한다.

특히 오랫동안 한 부서에서만 근무해 온 사람은 자기 분야의 업무는 깊이 있게 파악하고 있으나, 수평적이고 입체적인 분야는 다소 부진할 것이다. 이런 사람에게는 업무와 관련된 분야의 다각적인 정보를 수집하고, 입체적인 사고를 통하여 현재의 정확한 상태를 파악하게 하고, 품질 개선이라든가, 비용 절감 또는 공정 단축, 신기술의 응용 등등 분야에 대해서도 창의적인 방법을 이끌어 내도록 유도해 주어야 한다.

이러한 과정은 현실에 안주하고 있는 습관에서 탈피하여 전문가로서의 자질을 갖춘 관리자가 될 수 있는 길이 된다.

창의력은 결코 공짜로 생기는 것이 아니다. 자기 분야의 업무에 대한 확실한 기초가 갖추어져 있는 상태에서 '왜?' 라는 의문으로 출발하여, 실험하고 반복하면서 신지식과 정보를 대입하는 과정을 되풀이하는 가운데 고정관념이 개선될 수 있다. 이렇게 되면 절차나 과정은 물론 업무와 연관된 분야까지 그 파급 효과를 가져오는 것이다. 단지 어떤 상품에 대한 신제품 개발만이 창조가 아니다.

아무리 정보통신 기술이 발달되고 과학문명이 넘친다고 해도 이를 이용하는 것은 사람이고, 또 사람에 의해서 만들어지는 것이기 때문에,

그것을 다루는 것은 역시 사람이라는 사실이 중요하다.

그렇다면 창의적인 사람이란 어떻게 구별해야 하는가? 다음 조건을 충족시킬 수 있는지 알아보는 것이 가장 좋은 방법이다.

1. 고정 관념의 틀을 벗으려고 하는가?

2. 남의 이야기에 귀를 기울이는가?

3. 도전적이며 위험을 감수하는 편인가?

4. 차별성이 있는가?

5. 앞을 내다보고 있는가(미래 예측 능력)?

6. 서로 다른 것을 조합하고 연결할 수 있는가?

7. 뒤집어 생각할 줄 아는가?

8. 자유로운 발상을 하는가?

9. 질문을 많이 하는가?

10. 기록은 잘 하고 있는가?

11. 남의 창의적인 아이디어를 살 줄 알고, 자기의 아이디어를 팔 줄 아는가?

48 효과적인 커뮤니케이션 기법

"이 장에서 언급한 방법들을 진심이 깃들이지 않은 기계적인 수단이 되어 버리면 부하 직원들의 마음을 움직일 수 없다는 사실을 명심하라.
셰익스피어는 '덕이 없어도 있는 듯이 행동하라'고 말했다. 당신이 진심을 가지고 상대방을 대할 때 커뮤니케이션의 효과는 더욱 커질 것이다."

관리자라면 누구나 커뮤니케이션의 중요성에 대해 알고 있다. 하지만 그럼에도 불구하고 매일같이 잘못된 의사소통으로 인해 언성이 높아지거나 얼굴 붉히는 일이 자주 생기는 건 왜 그럴까?

최고의 경영자는 커뮤니케이션을 위한 분위기를 잘 조성하는 사람이다. 그러기 위해서 당신은 다음과 같은 10가지 기법을 익힐 필요가 있다.

첫째, 상대방에 대한 배려.

종업원들을 잘 알기 위해서는 그들의 개인적인 목표·관심·취미·가족 관계·생각·믿음 등을 알아야 한다.

둘째, 협동의 중요성을 일깨워라.

권위의식에 사로잡힌 행동은 인간의 성장과 조직의 계발을 방해하는 요인이다. 다시 말해서 개인의 발전이 조직 발전의 열쇠임을 명심하라.

셋째, 경청하는 대화.

열린 마음으로 직원들을 잘 알기 위해서는 상대방의 말을 귀 기울여 경청할 수 있어야 한다. 그들이 일하게 된 동기와 관심, 그리고 아이디어 등을 잘 들어준다. 당신이 열렬히 호응해 주면 직원들도 여기에 답하여 그들의 질적 향상도 도모할 수가 있다.

넷째, 원숭이도 나무에서 떨어질 수 있다는 것을 알려라.

이 세상에 완전한 사람은 한 사람도 없다. 실수를 했다면 그것을 인정하고 도움을 청하는 것이 현명하다. 직원들도, 당신에게도 각기 장점과 단점이 있다는 것을 일깨워 주라. 이것을 서로가 인정하는 분위기에서 자유롭게 의사를 결정할 수 있고, 지시를 할 수 있으며, 책임을 완수할 수 있게 된다.

다섯째, 당신이 믿고 있다는 것을 보여라.

사람을 적절하게 다룬다는 것은 명령도 아니고, 그렇다고 해서 몰아붙이는 것도 아니다. 믿을 것은 믿어주면서, 한편으로 요구하고 제안하라. 그들은 당신의 제안과 요구가 왜, 어떻게 해서 나오게 되었는지를 알게 될 것이다. 칭찬은 많은 대중 앞에서 하되, 책망은 개인적으로 우회하여 하라.

여섯째, 부모 같은 상사가 되어라.

훌륭한 부모와 같은 훌륭한 상사는 부하 직원들에게 솔선수범을 보인다. 그럼으로써 자율적이고 책임감 있는 사람이 되도록 돕는 것이다. 솔선수범은 조직을 발전시키는 중요한 요인이 된다.

일곱째, 보람을 함께 나눈다.

그들과 함께 일할 것을 결심하고 거기에 대해서 함께 책임을 지며 보람을 나눈다는 것을 보여준다. 보람을 함께 나눈다면 사람들은 자연히 헌신할 것이다. 주어진 사명과 기대하는 바를 알린다면 조직에 속한 사람들은 더 효과적으로 사명을 완수하려고 애쓸 것이다.

여덟째, 당신의 인정을 다른 이들에게 알린다.

다른 이들의 능력과 장점을 일깨우기 위하여 당신이 자비를 베풀면 당신과 종업원 사이에 우정이 싹튼다. 그렇게 되면 서로가 자신의 책임을 다하고 성장 발전하려는 의욕이 생겨나게 된다.

아홉째, 일에 대한 재미와 행복감을 알린다.

자존심과 믿음, 그리고 행복감은 생산성과 실적을 높여준다.

열째, 당신이 기대하는 바를 알려라.

자신에게 기대하는 바를 일부러 저버리려는 사람은 흔치 않다. 사람들을 최대한으로 대접하면 대개는 그들 자신에게 주어진 사명을 잘 완수하려고 노력한다. 직원들에게 일의 목표나 방향, 추구하는 바와, 성취할 것을 알려주며, 그리고 무엇보다도 그들이 하는 일의 중요성을 깨우쳐 주라.

열린 마음은 당신과 직원들을 개인적으로 맺어주는 기초가 된다. 당신이 그들에 대해 알고자 원한다는 사실을 표현하도록 하라. 그들을 개인적으로, 그리고 직업적으로 알도록 노력하라.

열린 마음은 서로의 믿음을 확인시켜 줄 뿐만 아니라, 품위 있는 의

사소통을 할 수 있도록 이끌어 준다.

직원들을 목표를 위한 하나의 수단으로 삼지 말고 인간으로 생각하라. 그러면 그들은 공동의 목표에 헌신적으로 참여할 것이다.

49 최고 실적을 올리는 10가지 지혜

> "관리자가 지켜야 할 사항은 너무나 많다. 그렇다고 완벽하고 완전한 관리자가 될 필요는 없다. 왜냐하면 어차피 인간은 완전할 수 없고, 또 부하 직원은 당신이 신처럼 완전하길 바라는 것은 아니기 때문이다.
> 그러나 존경할 만한 위치에 있는 사람은 존경할 만한 일을 해야 하는 것은 당연하다. 책임을 져야 할 위치에 있는 관리자가 말단 사원보다 더 미숙하고 더 무능하다면, 당신은 관리자의 자리에서 하루빨리 물러나는 것이 현명하다."

한 리서치에서, 기업이 최고 실적을 올릴 수 있는 방법으로 다음 10가지를 제시한 바 있다.

첫째, 약속은 꼭 지킨다.

백 마디 말보다 한 번의 행동이 더 큰 위력이 있다. 말이 많으면 실수가 많고, 실수가 쌓이면 신뢰가 떨어진다.

둘째, 부드러운 거절.

친절하고 배려한다는 생각에 무조건 직원의 의견을 모두 반영할 수는 없다. 경우에 따라서 부드럽게 거절할 수 있어야 한다. 이때 상대방이 불쾌해 하지 않도록 거절하는 것이 중요하다.

셋째, 경영자로서의 청렴함을 보여준다.

직원으로 하여금 회사를 믿게 하는 최선의 길은 경영진이 직접 회사의 능력을 정직하고 자신 있게 말해 주는 것이다. 직원들의 사기가 높은 회사일수록 좋은 실적을 낳는다.

넷째, 직원들의 느낌과 감정을 신중하게 다룬다.

리더들은 대개 본능적으로 누가 화가 나 있는지, 어떤 사람에게 고민이 있는지 알 수 있다. 고민을 해결하게 해주는 가장 좋은 한 가지처방은 가정을 안정시키는 데 있다는 것을 경험으로 알 게 될 것이다.

다섯째, 잘한 일에 존경을 표시하라.

직업에 귀천貴賤이 있다든가, 보수가 적은 사람들은 하급이라는 고정관념을 버려야 한다. 아무리 말직에 있는 사람이라도 회사의 성공에 기여하는 아주 중요한 사람임을 표현해 주도록 한다.

여섯째, 말을 할 때는 신중하게 한다.

한 마디 말이라도 당신이 내뱉는 말이 다른 사람을 돕거나 직원들을 격려하는 의도가 아니라면, 그 말은 파괴적이거나 잡담에 지나지 않음을 명심하라.

일곱째, 차분한 음성으로 설득하라.

당신이 무엇을 말하는가 보다 더 중요한 것은 당신이 어떻게 말하는가이다. 어떤 대화를 하든 그 대화의 목적은 사람들 위에 군림하는 것이 아니라, 사람들을 당신 편으로 만드는 데 있음을 알아야 한다.

여덟째, 직원들에게 참여의식을 심어준다.

이것은 건설적인 제안을 할 수 있는 기회와, 결정을 내릴 수 있는 어느 정도의 권한을 부여하라는 뜻이다. 이 말은 근본적인 결정까지도 직원들에게 부여하자는 의미가 아니라, 직원들에게 참여할 수 있는 기회를 주고, 그들에게 책임감을 안겨주라는 말이다.

아홉째, 직원들의 신상에 대한 관심을 가져라.

사생활에 대해 간섭한다는 느낌을 주지 않고도 얼마든지 직원들 각자를 보살피고 관심을 기울인다는 마음을 보여줄 수 있다. 그들의 목표 · 복지 · 가정에 대해서 세심한 관심을 보인다면, 그들은 감격하여 더욱 회사를 위해 헌신할 것이다.

열째, 솔선수범의 자세를 가져라.

경영자라고 뒷짐만 지고 감시하는 역할이라고 생각한다면 회사는 좋은 효과를 볼 수 없다. 누구보다 먼저, 누구보다 열심히 하는 자세를 직원들에게 보였을 때, 그들은 회사를 내 집처럼 내 가족과 같은 마음으로 회사를 위해 일할 것이다.

직원들은 심리적으로, 사회적으로, 영적으로, 신체적으로 성장할 기회가 주어지기를 바라고 있다. 그들은 그룹에 속한 자신들이 성장하기를 무엇보다 바라고, 경제적인 안정을 보장받기를 원하고 있다는 사실을 기억하라.

그들이 진심으로 바라는 것은 그들의 신뢰할 수 있는 경영진, 그들에게 관심을 보여주는 경쟁력 있는 경영진이다.

50 여러 각도에서 검토하라

"융통성 있는 사람이 되어야 한다. 흔히 한쪽 측면만 보는 사람은 관리자로서의 능력을 효과적으로 발휘할 수가 없다. 모름지기 뛰어난 장수는 '배수의 진'까지 생각하는 것이다. 앞뒤, 상하, 좌우를 모두 바라볼 수 있는 눈, 괴기스럽지만 360도 회전하는 혜안을 가진 관리자만이 실패의 확률이 적은 것은 사실이다."

경영자나 상사를 설득시키지 못하는 경우를 분석해 보면, 자기가 생각한 각도에서 빠진 것이 있기 때문에 다른 각도에서 질문을 받으면 답변에 막혀 버리는 것이 그 원인이다. 요컨대 검토 불충분에 그 원인이 있는 것이다.

한 가지 문제를 여러 각도에서 검토할 수 있는 능력은 간부에게 있어 필수 조건이다. 예를 들어보자.

수요가 급증하여 생산이 따라가지 못하는 문제의 경우, 여러 가지 대책을 생각할 수 있다. 즉, 시설을 증설한다든가, 증설하지 않고 잔업으로 해결한다든가, 주·야 교대제로 한다든가, 아니면 외주로 내보내든가, 계열 회사로 돌린다거나, 다른 공장으로부터 인원 보충을 한다든가 등등 여러 가지가 있을 것이다.

여기에서 그 문제를 결정함에 있어서는 우선 생각할 수 있는 모든 방법이 빠짐없이 비교 검토되었느냐가 중요하다.

'생산 능력이 부족하다. 그러니 증설해야 한다' 는 식의 단순한 사고 방식으로는 안 된다. 그에 대한 모든 대책을 빈틈없이 생각하고, 비교한 결과 이루어진 선택이라야만 하고, 이 선택에 있어서도 얼마만큼의 각도에서 파고들어갔느냐가 문제이다. 가격, 인원의 변통, 증가된 수요가 얼마나 계속될 것인가에 대한 전망, 공정과 능력의 균형 등 많은 문제들이 있다.

그런데 예컨대 이상과 같은 각도에서는 완벽하게 검토한 다음 제안했다고 하자.

그러나 합리성의 측면에만 치우쳐 있어서 다른 사안과의 관계에서 야기될지도 모르는 중대한 요인을 빠뜨렸다든가, 혹은 그것이 얼핏 채산상으로는 유리해 보이지만 반드시 이에 부수적으로 따르게 되는 경비 증가를 생각하지 못했다면, 역시 설득력이 떨어지는 것이다.

한 가지 대안에 지나치게 치중했다든가, 상대방 측에서 '그보다는 이런 방법이 더 좋지 않았던가?' 하고 전혀 생각지 못했던 방안이 나오기라도 한다면 설득에서 패하는 것은 당연하다.

설득이란 판단 폭의 싸움이다. 자기가 상대방보다 폭넓게 여러 가지 방안을 검토하고, 개개의 검토 폭이 상대방보다 넓을 때 비로소 인정받게 되는 것이다.

꼭 설득시켜야겠다고 생각한다면 단 하나의 방안만 검토해 가지고는 안 된다. 반드시 여러 가지 해결안을 있는 대로 열거한 다음, 그 중에서 한 가지 방안을 골라내는 다각적인 사고방식이 중요하다.

또 모든 각도에서 빠짐없이 검토하려면 자기 혼자서 생각하지 말고, 결심을 굳히기 전에 부하 직원이나 관계 간부의 의견을 듣는 것이 좋다. 이때 특히 자기와 다른 의견을 존중하여 철저히 파고 들어가 검토하는 태도가 중요하다.

이때 단지 문제가 되는 것은, 설득할 상대방이 알고 있는 사항을 자기가 모르고 있는 사실이 가끔 있다는 점이다.

설득이란 요컨대 '정보량의 대결' 이다. 그 일에 관련하여 알고 있는 경우이다.

"당신은 그렇게 말하지만 사실은 이렇게 되어 있다고!"

이 한 마디로 간단히 끝나 버린다.

'알려주지 말고 따르게 하라.'

이 말은 정보의 중요성을 의미하는 말이다. 정보야말로 사람을 움직이는 원천이다.

극단적으로 말하면, 과장은 과장이란 사령장을 받았기 때문에 부하 직원들을 리드할 수 있는 것이 아니라, 회의에 나가 부하들보다 지혜롭게 판단할 수 있는 정보를 가지고 있는 사람인 것이다.

실질적인 권한은 정보량에 의해 결정된다. 자신이 없는 간부는 이것을 악용하여 회사 내의 일반 정보를 부하 직원들에게 알리지 않음으로써 자기의 권위를 유지하기도 한다. 이것을 '청기와식 관리법' 이라고 하는데, 이런 태도는 부하 직원들의 자주적인 판단력을 억제하여 불만을 싹트게 하고, 의욕을 저하시키는 면에서도 가장 나쁜 방법이다.

올바른 관리는 진정 당신 스스로 많은 정보를 얻는 데서만이 출발할 수 있다.

승부에서 이기는
리더의 13가지 원칙

51 전달 속도가 생명

"막힌 곳이 없어야 물은 일사천리로 흘러나간다. 가다가 커다란 암벽을 만나 해일을 일으키고, 가다가 낭떠러지에서 추락하는 일은 없어야 한다.

마치 하나의 컴퓨터가 작동되어 프로그램화시키기 위해서는 여러 소프트웨어의 기능이 필요하듯이, 회사는 각 부서의 역할이 충분히 수행되었을 때 제 기능을 다하는 것이다. 그러므로 관리자로서 구석구석 순환이 잘 되도록 살피는 것은 반드시 필요한 일이다."

필요한 일이 필요한 때, 필요한 곳으로 척척 전달되는 회사가 있는가 하면, 전달 속도가 느려서 외부로부터 비웃음을 받고 내부적으로 부서 간에 잠음이 일어나는 회사도 있다.

일반적으로 규모가 작을 때는 특별히 마음을 쓰지 않아도 다른 부서의 동정을 알 수 있기 때문에, 모두가 이런 일의 중요성을 느끼지 못하다가, 회사 규모가 커지면 갑자기 그것이 표면화된다.

그러면 전통이 있는 대기업의 경우는 어떠할까? 이 경우 극단적인 유형이 있는데 바로 '코끼리형'으로, 크고 훌륭한 덩치를 하고 있지만 온몸에 혈액순환이 제대로 되지 않고 있다.

어떤 필요한 정보가 외부로부터 어떤 곳으로 들어와도 필요한 부서에까지 전달되려면 3~4일이나 걸린다. 심할 때는 그 정보를 어느 부서에서 집어삼키므로 중간에서 없어지고 만다. 그야말로 꽁지를 잘라 먹혀도 모르는 격이다.

전체의 혈액순환이 원만하게 되지 않음으로써 내장끼리 서로 싸움만 하는 격이라고 볼 수 있다. 이런 회사는 틀림없이 머잖아 멸망의 위기에 직면하게 될 것이다.

이런 회사의 문제점은 대체로 간부의 인사에 잘못이 있다. 여러 부문을 돌아가며 로테이션시키지 않고, 부문별로 종적으로만 사람을 육성한 결과이다. 예컨대 처음 경리부에 들어간 사원은 그 분야에서만 승진해 나간다. 다른 부문의 사정을 모르니까 당연히 관심도 동정심도 없다. 그래서 어떤 정보가 들어와도 그것을 어디어디로 전달해야 하는지 알지 못하는 건 당연하다.

부문간의 로테이션이 필요하다는 걸 알면서도 각 부문의 간부들 때문에 경영자도 마음대로 하지 못하는 극단적인 예도 있는데, 이런 경우를 두고 예비 범죄자라고 볼 수 있다.

예를 들어보자.

어떤 회사의 본사 영업부로, 토요일 오후 3시가 조금 지났을 때 거래처로부터 전화가 걸려왔다. 모두 퇴근한 뒤였고, 마침 혼자 남아서 일을 정리하고 있던 여사원이 전화를 받았다.

수화기를 들고 보니 상대방은 큰 거래 회사의 공정 관리 담당자였다. 생산 계획이 갑자기 변경되었기 때문에 화요일 아침까지 이러이러한 부품을 추가로 납품해 달라는 전화였다.

여사원은,

"월요일 아침에 창고에 수배해도 괜찮을까요?"

하고 물었다.

상대방은 한참 생각하더니 좋다고 대답했다. 그녀는 그것을 메모지에 적어 서랍 속에 넣었다.

월요일 아침에 여사원이 출근하자 미처 자리에 앉을 사이도 없이 과장이 불러 급한 용건으로 외출을 명했다. 그녀는 메모를 생각할 겨를도 없이 관청으로 달려갔다. 단지 서류만 내고 오면 되는 일이었는데, 담당 관리자가 이해하기 어려운 까다로운 말을 써가며 다시 작성해 오라는 것이었다.

그녀는 장황한 설명을 듣고 나서 머리가 혼란해져 돌아왔다. 그날은 종일 머리가 뒤숭숭했다.

화요일 아침에, 거래 회사로부터 전화가 걸려왔다.

"토요일에 주문한 것은 어떻게 되었죠? 공장 기계가 서버려서 재고가 얼마 없어 토요일에 미리 연락했는데요……."

그때서야 기겁을 해서 소란을 피우고 부랴부랴 수배를 해보았지만 '기차는 떠나 버렸다.'

마침 그 회사에 대해서는 얼마 전에 또 다른 실수를 저지른 일이 있어서 이 사건을 계기로 주문을 취소하고 거래를 끊고 말았다.

그 손해는 너무나 컸다. 그 거래처에 대한 매상액은 총매출의 10퍼센트나 차지하는 달러 박스였던 것이다.

52 접촉은 넓고 깊게

"많은 사람을 만나라. 그리고 한 사람 한 사람과 친구가 되어라. 단순히 한 번 만난 것으로 그치는 관계는 당신의 잘못에서 연유됨을 기억하라.

당신이 하루 종일 만나는 사람이 과연 몇 명이나 될까? 고작해야 직장의 상사, 부하 직원, 식당 아줌마 등과 몇 마디 말을 하는 것으로 하루가 지나갈 수도 있다.

이런 사람은 성공 대열에 설 수가 없다. 당신이 얼마나 많은 사람을 어떤 식으로 만나는가, 얼마만한 유대가 있는가에 따라 당신 능력의 척도가 된다."

미국 가바 백화점의 창시자 G. A. 가바는 친화라는 덕을 중심으로 성공한 사람으로 꼽힌다. 그는 관리자로서의 자질을 우수하게 지닌 탁월한 인물이었다.

그는 백화점을 창설한 후, 말을 타고 25마일 일대에 퍼져 있는 주변의 마을을 일일이 여행한 적이 있다.

시냇물을 건너 숲속 오솔길을 헤치며 마을의 초등학교를 찾아다녔다. 초등학교 어린이들에게 재미있는 이야기를 들려주고, 메모지를 내주어 자기들의 집·주소·성명, 그리고 근처의 아는 사람들의 이름과 주소를 써달라고 했다.

그리하여 이것이 가바 백화점의 최초의 우송 명부 원본이 되었다. 그는 이 명부를 기반으로 판매 물건의 품명과 정가를 알리는 편지나 공고문을 우편으로 보냈다. 이 우편물을 보고 상점을 찾아오는 손님이 차차 불어 갔다.

가바는 이렇게 말한다.

"우송 명부는 그때부터 오늘날에 이르기까지 도움이 되고 있습니다. 우리의 성공은 엄밀히 말해 이 명부의 도움이라고 해도 과언이 아닙니다. 현재는 약 1만 7천의 가족이 이 명부에 기록되어 있지요. 그 사람들에게 그 달의 특매품을 알려주도록 합니다. 고객과의 개인적인 접촉을 될 수 있는 대로 친밀히 하기 위하여 우리는 이 지방의 37개 구역에 각기 통보원을 두고 있습니다. 통보원은 그 구역 내에서 이사 간 사람이 있으면 그 이사 간 곳의 주소와 전화번호 등을 알려주며, 또한 이사하여 온 사람이 있으면 즉각 통보해 주도록 되어 있지요. 현재 우리의 장사 범위라고 보는 전체 지역에는 10만 명 이상의 인구가 살고 있는데, 이 사람들을 모두 다 우리의 손님이라고 생각합니다. 물론 그 사람들 전부가 우리의 단골손님이라는 것은 아니지만, 그 중 1만 2천 명은 확실히 우리의 단골손님이라고 장담할 수 있습니다."

그는 관리자로서 45년간 꾸준히 고객들에게 봉사하여 온 그 성실함과 또한 식을 줄 모르는 정열을 가지고 일해 온 것이다.

그에게도 낙심해 본 적이 있었다고 하는데, 그 경험담을 이렇게 말했다.

"맨 처음 뉴욕에 가서 외상으로 물건을 달라고 부탁하며 돌아다닐 때, 어디서도 상대를 안 해줄 때는 낙심했었어요. 결국 한 도매상을 잡기는 했지만, 그때 나는 여러 가지 배운 점이 많았습니다. 그 후부터는 오늘날까지 단 한 번도 낙심하여 본 일이 없지요. 낙심하지 않는 예방법은 아주 단순합니다."

그가 말한 낙심하지 않는 방법은 다음과 같은 것이었다.

만약 당신이 원기를 잃을 것 같으면 무엇보다도 우선 머리를 써라. 딴 생각할 것 없이 오로지 그 일에 대해 골몰한다. 당신의 원망과 낙심을 가져오게 한 그 사정을 극복하는 데 도움이 되는 방법을 50개만 생각해 낸다.

50개를 생각해 낼 수 없으면 우선 한 10개쯤 생각한다. 그러나 될 수 있는 대로 많은 방법을 생각해 내도록 한다. 그러면 결코 실망이나 낙심에 고민할 틈이 없어져 버린다.

가바는 많은 사람들과의 접촉을 넓고 깊게 한 것이 자신의 성공 요인이 되었다고 공언한 바 있다. 백화점이라는 거대한 조직을 꾸려가는 관리자로서 그는 언제나 사람과의 접촉을 좋아하고 적극적으로 친화력 있는 정책을 펼쳐 나갔던 것이다.

"나는 사람을 두려워하지 않아요. 나에게는 태어나면서부터 사람들과 사귀는 것을 좋아하는 성질이 있었나 봅니다. 우리는 사람들에게 호의를 나타내는 것을 아끼지 않았으며, 친절과 정직한 가격을 밑천으로 고객들과 거래했지요."

이런 분위기가 바로 가바 백화점의 무형의 크나큰 자산이 되었던 것이다.

53 기억력을 강화시켜라

"기억력이 좋다는 것은 상당한 장점으로 작용한다. 한 번 본 사람의 얼굴·이름·회사에 대한 정보·상품명·브랜드·전화번호 등등. 암기력이 좋은 사람은 상대방의 사소한 것까지도 기억해낸다.
그런데 이런 기억력이 후천적인 노력에 의해 훨씬 증진된다는 사실에 주목하라. 당신이 성공 관리자로 도약하기 위해선 이 방법을 훈련할 필요가 있다."

미국 뉴욕 경찰청의 탐정으로 '카메라 렌즈의 사나이' 라는 별명을 지닌 아이크 하긴스는 한 번 본 사람은 절대 잊어버리지 않을 정도로 기억력이 좋다고 한다.

이 기억력 덕분에 그는 경찰청을 퇴임한 후에도 좋은 직업에 종사하게 되었는데, 국제적인 도둑을 추적하기 위해 은행가와 보석상이 연합하여 구성한 대규모 '사립 탐정국' 에 들어간 것이다.

맨 처음의 일은 남아프리카로 달아난 도둑을 추적하는 일이었다. 그는 그 범인의 얼굴은 한 번도 본 일이 없었으나, 단지 그의 사진을 주머니에 넣고 가서 무난히 붙잡아 왔다.

15년 후에 그는 탐정국의 용무 때문에 네바다 주로 가게 되었다. 이 때 샌프란시스코의 경찰로부터 그에게 조력을 부탁하는 전보가 왔다. 어떤 사건의 혐의자를 찾아냈는데, 확실한 증거가 없어 체포하지 못하고 있으니 도와달라는 내용이었다.

그는 곧 혐의자가 있는 캘리포니아 주로 달려갔다. 그리고 범인이 사용하던 10개 계좌 중에서 6개를 즉석에서 들추어내어 그의 정체를 폭로해 버렸다. 그가 진범임이 확인된 것이다. 이 범인은 히긴스가 15년 전에 뉴욕 경찰청에서 단 한 번 만나본 적이 있었을 뿐이었다.

사람의 이름과 얼굴을 기억하는 이 놀라운 능력의 비밀에 대해 히긴스는 이렇게 말했다.

"나는 젊었을 때부터 오랫동안 경관 노릇을 했는데, 탐정이 되고 싶어서 갖은 노력을 다했죠. 탐정이 되면 보수도 좋고 일도 퍽 재미있을 거라 생각했기 때문입니다. 그래서 나는 전과자의 사진들을 연구하고, 또 매일 아침 점호하는 시간에는 유치장에 있는 사람들의 얼굴을 연구했어요. 특별한 방법이 있는 것은 아니고, 그저 그 얼굴을 머릿속에 사진을 찍듯이 한참 응시하면서 '이것이 이 사람이다. 이름은 아무개, 별명은 무엇, 이 얼굴과 이 별명은 여하한 일이 있어도 잊지 않겠다' 하고 결심할 뿐이죠. 그렇게 한 이유는 물론 탐정으로서 성공하기 위해서였으며, 탐정으로 성공하려면 사람의 이름과 얼굴을 외우지 않으면 안 되기 때문입니다."

히긴스가 제시한 사람의 이름과 얼굴을 기억하는 방법은 다음과 같다.

〈얼굴과 이름 기억법 10가지〉

■ 초면의 사람에게 이름을 들으면 곧 그것을 자기 입속에서 다시 되풀이하여 본다.

■ 한 번 기억한 사람의 이름을 기회가 있는 대로 되풀이하여 써보고, 정확하게 발음해 본다.

■ 그 사람과 대면했을 때도 똑똑한 발음으로 그 이름을 부른다.

■ 이름을 부를 때 그 사람의 얼굴을 똑바로 쳐다본다.

■ 어떤 장소에서든지 그 사람을 만나면 곧 그의 이름을 부른다.

■ 사람들이 많이 모이는 곳에 가서 알지 못하는 사람들과 접촉하여 초면의 사람에게 이상과 같은 방법을 시험해 본다.

■ 잠들기 전에 그날 만난 사람들의 이름을 전부 적어본다.

■ 새로운 이름과 얼굴을 찾아서 얼굴과 이름이 마치 화물과 거기에 딸린 꼬리표 모양으로 정확하게 자기 기억에 새겨지도록 한다.

■ 1주일 동안 만난 사람 이름을 될 수 있는 대로 많이 써본다.

■ '얼굴은 생각나지만 이름은 그만 잊어버렸어' 라고 단념하지 않는다.

사람의 이름과 얼굴, 그 사람과 만났을 때의 용건과 장소 등을 기억한다는 것은 관리자의 재능을 효과적으로 나타내는 데도 매우 중요한 도움이 되는 것이다.

54 프로 정신을 가져라

"찰리 채플린이 처음으로 영화에 출연했을 때 감독은 그에게 당시 인기 절정에 있던 독일의 희극 배우의 흉내를 내보라고 했다. 그러나 채플린은 다른 배우의 흉내를 내지 않고 자신만의 독특한 연기를 보여줌으로써 성공할 수 있었다. 이것이 바로 프로 기질이다.
남이 뭐라고 해도 자신의 길을 꿋꿋이 갈 수 있는 사람, 자신의 일에 철저한 사람, 이것이 바로 프로다."

일본의 도요토미 히데요시는 역사적인 인물로 꼽힌다.

히데요시가 영주인 노부나가를 받들 때 처음 맡은 일은 짚신을 삼는 것이었다. 재능이 뛰어난 사람의 입장에서 보면 누구라도 할 수 있는 짚신 삼는 일 따위는 아마 어처구니없는 일이었음에 틀림없을 것이다.

그러나 그가 훌륭했던 것은, 그가 이 일을 조금도 소홀하게 여기지 않고 자기의 온갖 힘을 다 쏟아부었다는 점이다.

'짚신을 삼을 사람은 아무 데나 있다. 그러나 나는 일본에서 제일가는 짚신 지기가 될 수 있을까?'

그는 이런 생각에 잠길 때가 많았다. 그는 추운 겨울날 영주의 짚신을 품에 안고 자기의 체온으로 그것을 데우기도 했다. 그 정성이 노부나가의 마음을 움직여 '이놈은 쓸 만한 하인이구나' 라는 생각을 하게 되었고, 드디어 어느 날 히데요시에게 말했다.

"이제부터 마구간지기를 해봐라."

한층 나은 일을 맡게 된 것이다. 이때에도 히데요시는 '아무도 할 수 없는 훌륭한 마구간지기가 되어야지' 하는 말을 뇌이면서 잠자리에 들곤 했다.

한밤중에라도 노부나가가,

"누구 없느냐? 말을 끌어내라!"

하고 명령하면 히데요시가 말을 즉각 대령했다.

말을 보면 언제나 손질도 나무랄 데가 없었고, 이것 또한 노부나가의 마음에 들었다.

"좋아. 이번에는 회계 책임자의 일을 맡아보도록 해라."

오늘날의 도요토미 히데요시로서 명성을 날리기까지 그는 언제나 주어진 현재의 일에 최선을 다했다는 얘기이다.

직장인의 자세도 이와 같은 것이다.

미래에의 꿈도 좋고, 커다란 야망도 좋은 것이다. 그러나 그 꿈을 좇느라고 현재의 일을 등한히 한다든가, 현재 나의 위치를 업신여기는 태도는 당신의 발전에 걸림돌이 된다.

무엇보다 지금 맡고 있는 일에 최선을 다해서 최고가 되는 것, 그렇게 함으로써 보다 능력이 필요한 일을 맡도록 발전하는 것, 그것이 곧 직장인으로서 가져야 할 바람직한 자세라고 할 수 있다.

이것이 바로 프로 정신인 것이다. 당신이 프로인지를 체크해 볼 수 있는 다음 문항에 따라 한번 생각해 보라.

첫째, 앞을 내다보고 일하는가?
둘째, 자기의 일에 자부심을 가지고 있는가?
셋째, 일에 낭비가 없는가?
넷째, 일에 목숨을 거는가?
다섯째, 시간보다 목표를 중심으로 일하는가?
여섯째, 높은 목표를 향해 매진하는가?
일곱째, 성과에 책임감을 느끼는가?
여덟째, 성과에 의해 보수가 결정되는가?
아홉째, 일을 재미있게 하는가?
열째, 실력 향상을 위해 항상 노력하는가?

위의 10가지 문항에 모두 'Yes'라는 대답이 나온 사람만이 진정한 프로라고 할 수 있다.

만약 그렇지 못하다고 하면 당신은 지금 이 순간부터 다시 자신을 점검해 보고, 새로운 시발점으로 출발해야 할 것이다.

하루 24시간 중에 반은 직장에서 보내는 것이 대부분 직장인들의 일과이다. 이렇게 인생의 절반을 차지하는 직장에서 '적당히' 일을 한다는 것은 얼마나 어리석은 일인가를 기억해야 할 것이다.

소중하고 또 소중한 하루의 절반, 이 시간을 어떻게 활용하느냐에 따라 당신의 인생이 달라진다 해도 과언이 아닐 것이다.

이 12시간은 인간의 신체적 · 정신적 활동이 가장 왕성한 시간이다.

대개 오전 8시경부터 오후 8시경까지 직장인들은 회사에서 보내고 있으며, 노는 것이 아니라 자기에게 주어진 '일' 을 하면서 보내고 있다.

따라서 이 시간을 무의미하고 재미없게 보낸다면 당신의 인생 전체가 재미없고 보람없는 인생이 될 것이며, 결과적으로 실패한 인생으로 전락될 것이다.

55 기업 활동의 새로운 패러다임

"과거에는 경영자와 직원들만 있으면 기업을 운영할 수가 있었다. 또한 물건을 만들기만 하면 없어서 못 팔던 시대에는 기업이 부효의 상징이었다.
하지만 오늘날의 기업 활동은 고객, 즉 사회와 손님에 대한 예의와 서비스를 빼놓을 수가 없게 되었다. 거기에 추가해서 환경 문제를 생각하게 되는데, 바로 인생을 살아가는 삶의 질이란 점이 생산자 · 종업원 · 손님 모두에게 해당되기 때문이다."

한 마리의 여왕벌과 몇 마리의 수벌, 그리고 무수한 일벌, 이것이 벌들의 집단이다.

벌들의 생태를 보면 한 마리의 여왕벌이 집단의 리더 역할을 하고, 일벌들은 온종일 일만 하는 것을 볼 수 있다.

그러던 어느 날, 일벌들이 갑자기 이런 생각을 하게 되었다.

'이제는 꿀을 모을 만큼 모았으니, 우리도 적당히 일하면서 여왕벌처럼 놀기도 하고 꿀도 많이 먹어야겠다.'

몇몇 일벌들이 주축이 되어 여왕벌에게 면담을 요청했고, 면담 후에 여왕벌은 이러저러한 사정으로 그 요청이 과도하다고 말했다.

그러나 실제로 일벌들은 꽃이 피는 기간에는 아침 일찍부터 저녁 늦게까지 너무나 열심히 일을 한다고 생각했으며, 여왕벌은 아무것도 하는 일 없이 놀면서 그 귀한 로열젤리를 혼자서만 축내고, 늘 일벌들에게 이래라저래라 지시만 한다고 생각했다.

게다가 수벌들은 정말로 쓸모없는 존재라고 생각했다.

어느 날 일벌들은 일손을 놓아 버렸다. 배당받은 꿀의 양은 적었지만, 아껴 먹으면서 여왕벌이 그들의 요구를 들어줄 때까지 버티기로 했다. 벌집도 망가지고, 비축해 놓은 꿀도 떨어진 상태에서 급기야 겨울이 돌아오고 말았다.

상대방을 전혀 인정치 않았던 양측은 부랴부랴 다시 만나서 솔직한 말들을 털어놓게 되었다.

여왕벌은 자신의 처지를 담담하게 고백했다.

"놀고 먹는 것처럼 보이지만 사실 나는 중요한 일을 하고 있는 겁니다. 우리의 2세를 생산하는 일이죠. 로열젤리를 먹지 않으면 태아가 영양 공급을 잘 받지 못해서 세상에 나와 올바른 일꾼이 될 수 없답니다. 제 입장을 좀 이해해 주세요."

그러자 일벌이 말했다.

"우리가 그걸 모르는 게 아닙니다. 하지만 정도 이상으로 일해 왔어요. 우리에게 로열젤리를 조금만 더 나눠준다면 일의 양도 좀 줄어들 테고, 우리의 영양 상태도 나아질 겁니다. 결국 지금 보다시피 우리가 없다면 전부 굶어죽을 수밖에 없잖아요."

그러자 이번에는 한쪽에서 주눅이 들어 있던 수벌들이 나섰다.

"저희도 2세 생산에 한몫을 합니다. 쓸데없이 꿀만 축내는 게 아니라, 저희가 없어지면 우리 종족은 멸망하고 말 거예요.”

이렇게 해서 드디어 꿀벌들은 일벌・수벌・여왕벌 모두가 제 나름의 역할이 있고, 충실히 수행해야만 다 함께 살 수 있다는 사실을 깨닫게 되었다. 그리고 모두 자기 욕심만 차리지 않고, 같이 사는 이들을 위해서 자기 몫을 조금이라도 나눠줘야 한다는 것도 알게 되었다.

이 이야기는 비단 벌들의 경우일 뿐 아니라, 바로 우리 자신의 이야기이기도 하다. 물론 당신이 속해 있는 회사도 이같은 원리가 지배하는 공동체이다.

기업 활동이란 사용자 혼자의 힘만으로 되는 것도 아니고, 근로자의 힘만으로 움직이는 것도 아니다. 바로 노사 관계는 기업 활동을 하는 데 있어서 서로 필요로 하는 사람들끼리 만난 파트너 관계이며, 이 관계는 서로가 상대방의 존재를 인정하면서 조화롭게 살아가야 하는 관계이다.

바로 공존 공생의 관계라고 할 수 있다. 하나의 회사를 이루고 있는 구성은 경영자・종업원, 그리고 물적 자본으로서 건물・기계설비・토지・자재, 또한 자본・고객・협력 공장 등으로 이루어진다. 실로 수많은 '일벌' 들이 모여 하나의 집단을 이루는 것이다.

또한 회사와 관련된 요소로는 주주・고객・금융 기관・거래처 등이 연관되어 있다. 기업의 활동이란 이러한 요소와 조직의 집합체로서 하나의 생명체와 같은 구조라는 점을 알아야 한다. 그 안에 속해 있는 작은 톱니바퀴 같은 자신의 역할이 얼마나 중요한지를 다시 한 번 생각해 보는 기회가 되길 바란다.

독일의 철학자 니체는 '직업은 인생의 등뼈이다' 라고 말했다. 산다는 것은 일하는 것이요, 활동하는 것임을 의미하는 말이다.

'일하는 것이 나의 인생 철학의 기본이다' _에디슨

'노동은 생명이요, 사상은 광명이다' _빅토르 위고

'행복하고 싶으면 무엇보다 먼저 일하라' _칼 힐티

'일하지 않는 자는 먹지도 말라' _성경

'일이 즐거움이라면 인생은 낙원이다' _고리키

56 체면을 손상당하지 않으려면

"다른 사람으로부터 '이것이 문제가 아닙니까?' 라든가, '당신은 이 문제를 어떻게 생각합니까?' 하는 선수를 빼앗긴 질문이나 주문을 받는다는 것은 관리자로서 큰 수치가 된다. 결국 이것은 자기 자신이 얼마나 문제의식이 결여되어 있는가를 단적으로 보여주는 예이다.
사실 측근 입장에서는 참다못해 이런 말을 하게 되는 것이기 때문이다."

회사에서 체면이 손상되는 경우는 얼마든지 있다. 간부가 중대한 실책을 했기 때문에 강등당하는 경우, 영업 목표를 달성하지 못했기 때문에 회의에서 망신을 당하는 경우, 적재적소의 인사 배치가 되지 않았기 때문에 팀장의 결정권이 보류되거나, 본사의 전문 인력이 자기 담당 분야에 대한 새로운 전문 지식을 모르고 있어서 체면이 깎이기도 한다.

현대사회의 냉엄한 경쟁 구조에서는 한쪽에서 가격 조정을 위해 조직의 재편성이 불가피해지고, 다른 한쪽에서는 새로운 공장의 건설이나 새로운 사업의 개발 때문에 조직의 재편성이 이루어지기도 하는데, 이런 조직의 재편성 과정에서는 반드시 체면을 깎이는 간부가 나오게 마련이다.

오늘날의 리더가 낡은 옛 사회의 리더처럼 단지 각자의 체면을 살려 주는 술수에 급급한다면 회사는 쇠퇴의 길을 면할 수 없다. 네가 죽느냐, 내가 죽느냐 하는 절체절명의 살벌한 입장에 놓인 회사측에서 구성원 몇 사람이 체면을 깎인다는 마음의 상처 같은 것에 신경쓸 여지가 없기 때문이다.

공로자에게는 상을, 낙오자에게는 벌을 내릴 수밖에 없는 것이 냉정한 기업의 속성임을 기억하라. 그러므로 체면이 손상되지 않는 경영체제를 확립하기 위해서는 다음 4가지 사항을 실천해야 한다.

첫째, 그룹 단위로 생각하라.

공장의 작업원이나 본사 직원을 통틀어 각각의 그룹을 만들어 나가는 방법이다. 그룹의 결속이 단단해지면, 가령 그룹의 일원이 상사에게 야단을 맞는 일이 있어도 곧 다른 동료가 그를 위로하고 도우며 이끌어 나가기 때문이다.

둘째, 적재적소의 인사 정책을 펴라.

적재적소에 인력을 배치한다는 것은 그 일을 할 만한 역량을 가진 사람이 그 일을 맡는 것이므로 특별한 예외적인 사태가 생기지 않는 한 체면이 손상되는 일은 발생하지 않는다.

그러나 만약 이런 적절한 인사 정책이 시행되지 않으면 새로 부임한 관리자가 부하 앞에서 실수를 범하고 체면을 깎이게 되는 사태가 생기기도 한다.

셋째, 실패는 성공의 어머니라는 이념을 주지시킨다.

사람은 실패의 경험에서 더 많은 것을 배운다. 실패를 돌이켜봄으로써 뒤떨어진 자신을 발견하고, 더욱 크고 씩씩하게 성장하려 노력하는 것이다.

이런 경영 이념이 모든 간부, 모든 사원들의 몸에 배도록 철저한 정신 교육을 시킨다. 그렇게 되면 한 번 실수를 범한 것으로 다른 동료나 부하 직원에게 체면이 깎였다고 생각하는 일은 결코 없을 것이다.

넷째, 능력주의를 정착시킨다.

대부분의 회사는 아직도 관리직으로 승진시키는 경우에 학력과 입사 연차를 기준으로 삼는다. 따라서 같은 연도에 입사한 동료가 모두 관리직으로 승진했음에도 한 사람만 뒤처지게 되면, 그 사람은 회사에서나 가정에서 체면을 깎이게 됨은 두말할 나위 없다.

그러므로 회사에서 능력주의 인사를 공표한다면, 실적을 올리지 못했기 때문에 승진에서 뒤처지는 일은 당연하게 받아들여질 것이고, 그 사람은 단순히 체면이 깎였다는 정신적 타격을 받지 않을 것이다.

체면이 손상되지 않는다는 문제는 상당히 중요하다. 조직이란 한 개인들이 모인 집합체이므로, 가장 작은 요소인 한 개인의 정신적 문제는 나아가 회사 전체의 능률로 직결됨을 명심하라.

관리직으로서 부하 직원 한 사람, 한 사람의 체면을 손상시키지 않도록 정책을 마련한다는 것은 탄탄한 기반의 회사를 지키고 회사의 미래 수익성에 기여하는 밑거름이 될 것이다.

당신이 아래 위의 체면을 생각한다는 것은, 결국 당신 자신의 현재 안정성과 미래 보장성을 예비하는 차원에서 더욱 중대한 일이며, 진정한 리더의 모습으로 정착하는 길인 것이다.

57 상대방의 입장이 되라

"인간은 누구나 다른 사람에게서 인정받기를 원한다. 자기의 진가를 인정받고 싶은 것이다. 왜냐하면 자기의 세계에서만은 자기가 중요한 존재라고 느끼고 싶어하는 심리가 있기 때문이다. 그러므로 남이 당신에게 해주기를 바라는 것처럼, 당신이 남에게 행하는 것을 잊으면 안 된다."

하버드 대학의 도남 교수는 이렇게 말한 바 있다.

"다른 사람을 방문할 때에는 언제나 내 쪽에서 말할 것을 충분히 생각한 후, 그에 대해 상대방이 뭐라고 대답할지 뚜렷이 떠오르지 않으면 그 집에 들어가지 않는다."

이처럼 무엇보다 먼저 상대방의 입장이 되어 앞뒤 일을 분별하고 판단할 줄 아는 요령을 터득해야 사람을 잘 다룰 수 있게 된다.

대개의 사람들은 자기가 맞건 틀리건 간에 자기가 잘못되었다고 생각하지 않는 습성이 있다. 이런 기본적인 습성 때문에 상대방을 비난해 봐야 아무 소용이 없다. 쉽게 말해서 비난이란 바보라도 할 수가 있다.

현명한 사람은 상대방을 이해하려고 애쓴다. 상대방의 말과 행동에는 그럴 만한 이유가 있는 것이다. 그 이유를 찾아보라.

상대의 입장이 되어 생각하면 상대방의 행동으로 상대방의 성격을 알 수 있게 된다. 어떤 말이나 행동을 하기 전에 늘 자문자답하는 습관을 들이는 것이 중요하다.

'내가 만약 그라면 어떻게 느끼고 어떻게 반응할 것인가?'

이런 훈련을 하게 되면, 화를 냄으로써 공연히 마이너스적인 시간을 낭비하는 것이 어리석다고 여겨진다.

자기에 대한 강렬한 관심과 자기 이외의 사람에 대한 어중간한 관심을 비교하고, 다음에 그 점에 있어서 인간은 모두 비슷비슷하다는 사실을 고려하면, 모든 직업에 필요한 공통 원칙을 파악할 수 있게 된다.

미국의 철학자 존 듀이는, 인간의 모든 행동은 '주요한 인물이 되고 싶은 욕구'에서 발단된다고 했는데, 카네기는 이런 욕구를 어떻게 자극하느냐 하는 문제를 잘 해결했다. 그는 이 욕구를 자극하기 위해서는 상대방의 입장이 되어 상대방으로 하여금 호감을 갖도록 해야 하는데, 그렇게 하려면 다음 여섯 가지 조건을 갖추어야 한다고 했다.

첫째, 성실하게 관심을 보인다.

둘째, 웃는 얼굴을 잊지 않는다.

셋째, 이름을 꼭 외워둔다.

넷째, 항상 성실하게 듣는 쪽이 된다.

다섯째, 관심이 어디 있는가를 민감하게 알아낸다.

여섯째, 상대방을 칭찬하는 데 인색하지 말라.

상대방이 불평 불만도 갖지 않고, 강제도 없으면서 상대방의 체면도 세워주는 언행은 서로가 기분 좋은 결과를 얻을 수가 있다.

그러므로 남에게 무슨 일을 부탁하고자 할 때는 우선 눈을 감고 상대 입장에서 '어떻게 하면 그가 그것을 하고 싶어할 것인가?' 하고 잘 생각해 보아야 한다.

다소 귀찮다고 생각할 수도 있지만, 그로 인한 이득에 비하면 당신이 해야 할 최소한의 노력인 셈이다.

58 대화의 중요성

> "말이란 나 혼자서도 할 수 있지만, 대화는 혼자서 할 수 없다. 상대방이 있어야 하는데, 상대방을 굳이 불쾌하게 하고 악감정을 갖게 할 필요는 없을 것이다.
> 상대방에 대한 호칭, 상대방을 배려하는 표현, 진심으로 듣고 상대의 입장에서 말하는 방법은 당신을 리더로서의 훌륭한 자질로 만들어 줄 것이다."

당신은 직장 생활을 하면서 말을 잘못하여 큰 실수를 하거나, 절친한 사이가 하루아침에 서로 등을 돌린 경험은 없는가?

보통 직장인들은 하루 생활의 3분의 2 정도를 직장에서 보내게 된다. 남들보다 잘살기 위해서 애쓰다 보니 어느덧 가정은 하숙집이 되어 버리고, 직장에서의 생활이 인생의 전부인 양 착각될 때가 종종 있다. 그만큼 직장과 일터가 중요한 것이다.

이렇게 중요한 직장인만큼 상사와 부하 직원, 그리고 동료들과의 관계가 편하고 좋아야만 자신이 하는 일도 더 열심히 할 수 있는 명랑한 직장 분위기가 될 것이다.

그런데 이러한 모든 것은 '말'에서부터 시작된다. 평소 아무 생각 없이 써오던 말들 중에는 상대방으로 하여금 오해를 하게 하는 경우도 있고, 절친한 사이가 하루아침에 서로 등을 돌리는 경우도 허다하다.

"야! 임마 이렇게밖에 못 해!"

"어머, 저 미스 김은 팀장님한테 얼마나 아부하는지 아니?"

"네가 이번에 새로 입사한 미스 리야?"

"영미야! 너 이리 좀 와봐!"

"이 꼴뚜기 같은 놈아!"

명령적인 말투, 남을 헐뜯는 이야기, 초면에 함부로 말을 하는 태도, 함부로 이름을 부르는 일, 한 번의 실수를 지나치게 추궁하는 일, 자신보다 연장자에게 함부로 대할 때 등등, 일상적으로 회사 내에서 저지르는 말의 잘못은 얼마든지 만연해 있다.

한 리서치에 따르면, 83.8퍼센트가 동료간에 존칭을 사용해 줄 것을 원하고 있으며, 나머지 16.2퍼센트가 거리감이 생긴다는 이유 등으로 반대하고 있지만, 전체적인 건의 사항으로 '회사에서는 예의를 지켜 존칭을 사용하고 회사 밖에서는 개인적인 측면에서 친한 관계를 유지하는 게 좋겠다'는 것이었다.

옛 속담에 '원수는 외나무 다리에서 만난다'는 말은, 만나기 싫은 사람은 공교롭게도 외나무 다리와 같이 피할 수 없는 곳에서 만나게 된다는 뜻이다.

사람이란 살다 보면 별별 일을 다 겪게 된다. 친한 친구 사이에 의견이 엇갈려 서로 다투게 되기도 하고, 믿었던 사람에게서 배신을 당하기도 한다. 그리고 흔히 사람은 모든 일을 자기 뜻대로 하고 싶어한다. 따`

라서 무슨 일이든 자기 뜻대로 되지 않거나, 누가 자기 뜻에 어긋나는 말이나 행동을 하면 화를 내기도 한다.

그러나 이런 태도는 어리석은 행동이라고 할 수 있다. 세상 모든 일이 어느 한 사람의 뜻에 따라 움직여질 리도 없거니와, 내 생각이 소중하듯 다른 사람에게는 다른 생각이 소중하기 때문이다.

내가 내 뜻대로 성취되길 바라듯이, 다른 사람도 자기 뜻이 성취되길 바란다. 결국 싸움이 일어나게 되고, 서로 미워하고 다투다가 마침내 서로 쳐다보기도 싫은 원수가 되기도 한다.

'도토리 키 재기'란 말처럼 서로 의견이 다르고 생각이 다르다 해도 상대편의 주장을 잘 듣고 이해하려고 노력하면 서로의 주장이나 의견에 별 차이가 없다는 것을 금방 알게 된다.

따라서 자기의 주장만 너무 내세우려 하지 말고, 상대방의 의견을 귀담아 듣고 존중하는 자세를 가지는 것이 특히 직장 생활을 하는 사람들에게 필요한 일이다.

언제나 상대방을 너무 나무라기 전에 '나에겐 잘못이 없었는가?' 하고 스스로 성찰해 보고 반성하는 자세야말로 동료나 부하 직원과 원수 지는 일 없이 지내는 비결이다.

전자회사 사장인 A 씨는 사내에서 가장 인기 있고 존경받는 인물로 꼽혔다. 같은 계열사 사장들은 그를 매우 부러워했으며, 모두들 그의 인간관계의 비밀을 알고 싶어했다.

그러자 A 씨는 이렇게 말했다.

"항상 상대방과 이야기할 때 상대방을 딴 사람으로 생각지 않고 거울 앞에 선 나의 모습이라고 생각하며 이야기합니다."

그러다 보니 상대방에게 공손한 말씨를 쓰게 되고, 상대방의 이야기에 정성껏 귀를 기울이게 되고, 이해하게 된다. 그런 태도가 바로 남들에게 존경받고 인기를 얻는 비결인 것이다.

59 설득의 원리

"교섭을 할 때는 그 경과에 신경이 쓰이지만, 그래도 새로운 아이디어는 언제나 받아들이도록 해야 한다. 그러나 실제로는 이야기가 서로 엉켜 골치 아프게 되는 것을 경계하고, 단지 상대방의 제안이나 요구가 무엇인가 하는 것을 알기 위해 교섭의 자리에 나가는 일이 많다."

협조적인 바람직한 협상에서는 모두에게 만족할 만한 결과를 낳기 위해 양측이 노력한다. 그럴 때의 갈등은 인간 본성의 일부로서 자연스러운 것으로 간주된다.

갈등을 해결해야 할 문제로 본다면 쌍방은 창조적인 해결안을 발견하게 될 것이고, 따라서 서로 더 가까운 사이가 될 것이다.

협상이 결렬되면 노조는 파업에 들어간다. 그러나 만일 노조가 이긴다고 해도 파업기간 동안에 못 번 임금이 인상액보다 더 많을 것이다.

반대로 회사측으로서도 노동자들의 요구를 들어주는 데 추가로 드는 비용보다 파업으로 인해 보는 금전 피해가 더 클 것이다. 결국 양측다 파업으로 인해 불가피하게 손해를 보지 않을 수 없다.

만일 파업이 없었다면 그들은 우호적인 분위기 속에서 각자가 원하는 것을 어느 정도 만족시켜 줄 수 있는 합의점에 도달했을지도 모른다. 그렇다면 왜 이런 현상이 생기는가?

파이 조각을 놓고 허구한 날 싸우기만 하면 창조적인 결과는 아무것도 기대할 수가 없다.

"함께 힘을 합쳐 더 큰 파이를 만들려면 어떻게 해야 할까? 더 큰 파이를 만들면 우리는 그만큼 더 많이 가질 수 있으니까."

바람직한 노사 관계는 이런 말을 서로 할 수 있어야 할 것이다. 이것은 지속적으로 관계가 맺어져야 하는 모든 종류의 협상과 밀접한 관계가 있다. 그리고 당신이 해야 하는 대부분의 협상이 일회적인 성격이 아니라는 사실을 금방 깨닫게 될 것이다.

모든 사람이 각기 다르다는 것은 부인할 수 없는 사실이다. 그런데 대부분의 협상은 상대방을 희생시킴으로써만 자기의 만족을 얻을 수 있는 적대 관계로 이해하고 있는 것이 문제이다. 아마도 그 이유는, 대부분의 협상이 돈을 중심으로 이루어지기 때문일 것이다.

만일 누군가 사장인 당신에게 찾아와 이런 식으로 말한다면 어떻게 될지 한번 상상해 보라.

"이런 열악한 환경에서 당신 같은 바보를 위해 일해야 한다면 나는 더 많은 돈을 받아야 합니다."

당신은 십중팔구 놀라 자빠질 것이다. 그래서 설사 속마음은 그럴지라도 직원은 자신의 생각과 욕구불만을 감추고 이렇게 말할 것이다.

"저는 돈을 벌고 싶습니다."

이러한 순수한 금전적인 메시지는 바람직한 것이기 때문에 당신은 아마도 그의 어깨에 팔을 얹고 외칠 것이다.

"나는 야망을 가진 사람을 좋아하네. 우리 함께 정상을 향해 한번 뛰어보세."

사람들은 대부분 어린 시절부터 돈을 대화의 주제로 삼는 데 익숙해져 왔다. 어떤 사람은 심지어 돈의 색깔이 푸르기 때문에 푸른색을 좋아한다고까지 말하는 우스꽝스러운 일조차 있다.

그러나 만일 당신이 모든 협상이 돈 문제를 놓고 이루어진다고 생각하면 큰 오산이다. 겉으로 보이는 사람들의 모습과 그들의 실제 생각은 같을 수가 없다.

분명히 돈이 필요한 것은 사실일 수도 있지만, 그러나 그것은 단순히 여러 가지 필요한 요소들 중의 하나에 불과한 것이다.

만일 당신이 다른 필요한 것들을 소홀히 다룬다면 돈에 대한 그들의 욕구를 만족시킨다 해도 그들은 만족하지 못할 것임을 명심하라.

협상은 물질적인 대상을 교환하는 것 이상의 행위이다. 그것은 이해·믿음·수용·존경, 그리고 신뢰가 쌓일 수 있게 행동해야 하는 인간적인 영역인 것이다.

거기에서는 당신이 접근하는 자세, 당신의 목소리, 당신이 보여주는 예의, 당신이 쓰는 방법, 그리고 상대방의 감정과 욕구에 대해 당신이 보이는 관심 따위가 모두 중요시된다.

그러나 실제로 협상자들의 진정한 요구는 좀처럼 드러나지 않는 속성이 있다. 왜냐하면 그들은 자기를 감추려고 노력할 수도 있고, 정작 자기들이 무엇을 가장 원하는지를 간파하고 있지 못하는 경우도 있다.

이런 상황에서는 협상은 절대 성공하지 못한다.

따라서 협상에서 논의되는 것들이 가격이건, 서비스건, 상품이건, 영
토이건, 양보이건, 이자율이건, 돈이건, 이렇게 겉으로 논의되는 것만이
협상의 전부를 차지한다고 생각하면 안 된다는 말이다.

논의되는 내용 말고도 그것이 논의되는 방식에 따라 협상자의 심리
적인 욕구가 충족되기도 하고, 그렇지 못할 수도 있는 것이다.

60 **상대방을** 내 편으로 끌어들이는 수단

"협상이란 각자가 원하는 바를 주고받아야 한다. 즉, 먼저 베풀
어야 받을 수 있는 것이다. 돈을 벌어서 쓴다는 것은 거짓말이
다. 돈은 쓰면서 버는 것이다. 단기적으로는 손해일지 몰라도, 장
기적으로는 그것이 이기는 길이다."

몇 년 전, 일본 항공사 소속의 3명의 간부가 미국 회사의 간부들과
협상을 한 적이 있었다.

아침 8시부터 시작된 브리핑은 2시간 반 동안 계속되었다. 각종 차트
와 컴퓨터가 뽑아내는 선명한 인쇄물과 3대의 최신식 영사기가 돌아가
면서도 기타 보조 자료의 도움을 받으면서 가격의 적정선을 제시했다.

그 자리에서 일본 간부들은 내내 아무 말도 하지 않고 조용히 앉아
있었다.

영사기가 멈추자, 미국 회사에 속한 핵심적인 간부 중 한 사람이 기
대와 만족에 찬 얼굴로 방 안의 불을 켜고 무표정한 일본 사람들을 쳐

다보았다.

"저…… 여러분, 어떻게 생각하십니까?"

일본인 중 한 명이 웃으면서 정중히 대답했다.

"우리는 이해하지 못하겠습니다."

질문한 간부의 얼굴에서 땀이 흘러내렸다.

"이해가 가지 않으시다니, 무슨 뜻인가요?"

또 다른 일본인이 역시 정중히 웃으면서 대답했다.

"모든 것을 다 이해하지 못하겠습니다."

미국의 간부는 분명 궁지에 몰려 있었다.

"언제부터 이해하지 못하셨나요?"

그가 물었다. 세 번째 일본 간부가 미소 지으며 대답했다.

"불을 끄는 순간부터 그랬습니다."

미국인은 벽에 기대서서 넥타이를 느슨하게 하고 목이 쉰 소리로 말했다.

"좋습니다…… 그렇다면 여러분은 우리가 무엇을 해주기를 원하십니까?

일본인들이 만장일치로 말했다.

"한 번 더 그것을 설명해 주시겠습니까?"

이렇게 되면 협상의 결말이 어떻게 되리라고 생각하는가?

어느 쪽이 더 유리한 입장이 되었는가? 누가 누구를 움직이고 있는가? 과연 어느 누가 처음과 똑같은 열성과 확신을 가지고 2시간 반 동안을 되풀이해서 설명해 줄 수 있단 말인가?

결국 미국 회사가 주장한 가격은 인하되지 않을 수 없었다.

이것은 하나의 교훈이다. 절대로 너무 빨리, 처음부터 잘 이해하는 듯한 인상을 주면 안 된다는 것이다. 듣는 시간과 말하는 시간의 비율을 신중히 조정하라.

당신이 해답을 알고 있다고 생각될 경우에도 질문을 해야 한다는 것을 명심하라. 더욱이 당신이 다른 사람들에게 도움을 청하면서 접근한다면 우호적인 분위기를 만들 수 있는 것이다.

이러한 분위기 속에서 상대방은 비로소 협상에 응하게 되며, 그것은 결국 당신에게 도움을 가져다 줄 것이다.

당신이 속해 있는 현실 세계는 하나의 거대한 협상 테이블이며, 좋건 싫건 당신은 거기에 관여되어 있다. 한 개인으로서 당신은 다른 사람들, 예컨대 당신의 가족·사원·경쟁자 혹은 각계각층의 명사들이나 실력자들을 만나야 한다.

이러한 만남을 어떻게 다루느냐에 따라 당신의 사업과 인생의 발전이 좌우될 것이다.

협상이란 당신의 지식과 노력을 투자하여 다른 사람들의 호의를 얻고, 그럼으로써 자신이 원하는 바를 얻는 것이다.

당신은 직장에서 수시로 협상을 한다. 아랫사람과 피고용자들은 윗사람의 행동에 영향을 주기 위해서 자신들이 가진 정보와 힘을 사용한다. 또한 관리자는 아랫사람을 리드하고 설득하고 이해시키기 위해 협상을 시도한다.

이런 때 현명한 경영자는 항상 자기의 종업원들이 회사에 헌신적일 수 있도록 만든다. 경영자란 사람들이 해야 할 일을 자발적으로 하게끔 만드는 사람이다. 당신의 협상 능력에 따라 당신은 주위 환경에 영향력을 행사할 수도 있고, 그렇지 못할 수도 있다.

그러므로 현명한 리더는 정보·시간·힘이라는 협상의 세 가지 요소를 적절히 활용할 수 있는 능력을 갖추는 것이 중요하다.

61 전문기술의 힘

> "만일 당신에게 협상하기 어려운 것이 있다면 그것이 가격이건, 원가이건, 이자이건, 봉급이건간에 그것을 협상의 맨 마지막에 거론하라. 다시 말해서 상대방이 상당한 에너지와 시간을 투자한 후에 거론하는 것이 요령이다.
> 처음에는 아무리 완고한 자세로 나온 상대일지라도 상당한 시간을 소비한 협상의 종말에는 매우 융통성 있는 사람으로 되어 있을 것이다."

당신이 다른 사람보다 더 많은 지식이나 전문기술, 그리고 경험이 있다고 믿을 때, 그는 당신을 보다 정중하게 대한다는 사실을 생각해 본 적이 있는가?

대부분의 사람들은 회계사 · 의사 · 자동차 정비공 · 변호사 · 컴퓨터 전문가 · 증권 전문가 · 과학자 · 교수 · 배관공 등의 말을 전적으로 신뢰하고 티끌만큼도 의심하지 않는다. 왜냐하면 그들은 전문분야에 대해 당신보다 더 잘 알고 있기 때문이다.

제2차 세계대전 때 조지 패튼 장군은 제일 연합군에게 북아프리카로 진격하도록 명령을 내렸다. 패튼은 매우 자신감에 넘치는 사람이었다.

그는 자기가 시가전에서부터 탄도탄에 이르기까지 모든 것을 다 안다고 생각했다. 그런 그도 기함의 항법사가 말하는 조언은 모두 다 겸손하게 받아들였다. 왜냐하면 항법사가 패튼이 가지고 있지 않은 전문지식을 가지고 있었기 때문이다.

이와 같은 것이다. 당신이 전문지식을 가진 사람처럼 보이기를 원한다면, 처음 만났을 때 당신의 배경과 자격증들을 제시하라. 그러면 당신의 말은 도전받지 않을 것이다.

복잡한 협상을 할 경우, 참석자들은 어떤 분야에 대한 전문지식이 부족할 수도 있다. 이때 당신이 그런 분야에 대한 전문지식이 있다는 것을 보여준다면, 그들은 당신의 말에 기꺼이 순응할 것이다.

가능하다면 언제나 다른 사람들로 하여금 당신에게는 실제로 어떤 분야에 대한 전문지식이 있다는 것을 믿게끔 하라. 그것을 언제나 사전에 대비하라. 만일 협상에서 꼭 이기기를 원한다면 시간을 내서 충분한 대책을 강구해야 한다.

협상자를 만나기 전에 철저히 연구·조사·검토의 준비가 없으면 당신은 유리한 입장이 되지 못한다. 이런 바탕 위에 날카로운 말투를 사용하여 전문가의 용어를 선택하여 말하라. 그러고는 침묵을 지킨다.

그렇다고 잘난 체를 하라는 뜻이 아니다. 오늘날과 같이 변화무쌍한 사회에서는 '죽은 물고기'에 지나지 않는 지식이 많다. 모든 분야에서 전문가가 되기란 실제로 불가능하다.

그러므로 협상에서 말하는 전문기술이란 현명한 질문을 하는 능력, 그리고 상대방으로부터 정확한 반응을 얻어내고 있는지를 아는 능력을 포함하는 것이다.

만일 상대방이 현재 논의되고 있는 문제에 관해 두 편의 논문과 한 편의 단문을 쓴 적이 있는 전문가를 보유하고 있기 때문에 당신이 불리한 입장에 있다고 생각될 때는 어떻게 해야 하는가?

이런 때는 당신이 가지고 있는 자원들, 즉 단체·친구·조직 등의 자원을 활용하라. 그리고 그 문제에 대한 세 편의 논문과 두 편의 단문, 거기다 한 권의 책까지 쓴 적이 있는 한 단계 높은 전문가를 불러오라. 그렇게 하면 당신은 상대방보다 틀림없이 유리한 입장이 될 것이다.

상대측에 소위 말하는 '대가大家'가 있다고 해도 겁낼 필요는 없다. 만일 그들에게 당신의 의견이 필요 없다면, 그들은 거기에 있을 필요가 없다는 사실을 명심하라.

그러고는 가끔 이런 질문을 한다.

"이해가 안 가는데요. 한 3분 전부터 당신이 하는 말을 도저히 못 알아듣겠습니다."

"좀더 쉬운 말로 설명해 주시겠습니까?"

"제 견해로는 좀……."

약간 상대방을 무시하는 듯하면서도 악의가 담겨 있지 않은 태도로 정중하게 질문을 하는 것이다. 그렇게 중간중간 질문을 던져라. 소위 '대가'의 태도와 행동은 점차 바뀌게 될 것이다.

모든 협상에서 다루어지게 되는 것은 결국 두 가지이다. 첫째는 특정한 안건이나 요구, 둘째는 상대방이 진정으로 필요로 하는 것으로 이것은 거의 말로 표시되지는 않는다. 이런 협상의 속성을 간파한 후에 당신만의 노하우를 잘 활용하면 협상에서 이긴다.

만일 당신에게 협상하기 어려운 것이 있다면 그것이 가격이건, 원가

이건, 이자이건, 봉급이건 간에 그것을 협상의 맨 마지막에 거론하라. 다시 말해서 상대방이 상당한 에너지와 시간을 투자한 후에 거론하는 것이 요령이다.

처음에는 아무리 완고한 자세로 나온 상대일지라도 상당한 시간을 소비한 협상의 종말에는 매우 융통성 있는 사람으로 되어 있을 것이다.

62 설득의 단계

> "협상에는 언제나 초를 다투는 긴장감이 흐른다. 그것은 내 쪽의
> 조건을 충분히 만족시키기 위해 상대방을 잘 설득해야 하는 조
> 심성이 있기 때문이다.
> 되는 대로 이쪽의 조건만 제시하면 협상이 이루어지지는 않는
> 다. 이쪽 의견과 저쪽의 요구가 적절한 지점에서 만나지도록 하
> 기 위해서는 반드시 협상의 단계를 거쳐야 한다."

1. 처음에는 극단적인 태도를 취한다.

미국의 어떤 회사에서 롱아일랜드의 북쪽 해안에 접한 넓은 땅을 사
고자 했다. 그들은 거기에다 대사관 직원들을 위한 휴양센터를 건립하
려고 했다. 협상을 위해 파커 씨를 현지로 파견했다.

에이커 당 50만 달러나 하는 땅을 그는 12만 달러를 지불하겠다고 제
의했다. 이 어처구니없는 가격에 땅주인은 웃지도 않았다.

그러자 그는 땅주인에게 약간의 돈을 주고, 1년 동안 그들의 동의 없
이 다른 사람에게 땅을 팔 수 없도록 하는 계약을 비밀리에 계약을 맺
었다. 그래서 땅주인은 이 약속 때문에 다른 구매자들과 접촉할 수가

없었다.

은밀하게 협상하면서 가능한 한 다른 경쟁자가 개입할 소지를 없애 버렸던 것이다. 땅주인은 12만 달러라는 가격이 말도 안 되는 액수라는 것을 알고 있었지만, 일체 다른 방법이 없었다.

3개월 밀고당긴 끝에 마침내 지친 주인이 이렇게 말했다.

"당신이 제시한 가격이 터무니없는 가격이라는 것을 압니다. 그러나 저희도 약간 값을 높여 불렀는지도 모르겠군요."

결국 그는 땅값을 42만 달러에서 36만 달러로 떨어뜨렸다.

2. 권한을 제한하라.

몇 해 전 시카고에 있는 어느 중고차 매매장에서, 한사람이 중고차를 찾고 있었다. 영하의 날씨였기 때문에 그는 값을 제시한 후 거래를 빨리 종결지으려고 했다.

그러나 놀랍게도 그가 이야기하던 사람은 가격 결정권이 없다며, 이런 말을 했다.

"죄송합니다만, 잠시만 기다려 주시겠습니까? 저 안에 계신 분한테 물어봐야 하거든요."

이때 과연 그 사람의 말을 믿어야 할 것인가? 아마도 당신도 이런 경험이 종종 있을 것이다.

히틀러와 협상하기 위해 뮌헨으로 갔던 네빌 체임벌린에게도 협상의 전권이 있었다. 그러나 그는 협상가로서의 책임을 충분히 완수하지 못했다.

이것은 권한이 있다고 해서 협상에 성공하는 것이 아니라는 사실을 말해 준다.

만일 당신이 다른 사람에게 권한을 부여하려면 협상 목적을 설정하는 데에 그를 관여시켜야 한다. 왜냐하면 그는 비록 당신으로부터 위임받은 입장이지만, 그 일에 대해 공감을 가져야 하기 때문이다.

그는 심부름하는 소년이 아니기 때문에 권한을 가져야 하며, 따라서 책임을 진 사람이다. 그러나 분명히 한계는 있어야 한다. 결국 그에게 이렇게 말해야 한다.

"거기에 가서 그 값을 받아오도록 노력하시오. 그 값을 받으면 다행이지만, 만일 못 받을 땐 돌아오시오. 그리고 그것에 관해서 좀더 의논해 봅시다."

3. 감정 전술을 쓴다.

후르시초프가 유엔 총회에서 회의가 진행되고 있는 동안 테이블 위에 구두 한 짝을 올려놓고 두드린 예가 있다.

그것을 본 사람들은 충격을 받고 이렇게 말했다.

"세상에! 그런 야만인이 있나. 그렇게 추잡한 행동을 하는 사람이 유엔 총회에 가 있다니!"

몇 달 후에 한 기자가 후르시초프가 구두를 테이블 위에 올려놓고 두들기는 모습을 담은 사진을 확대하여 그것을 다시 확대경으로 세밀하게 살펴보았다.

그랬더니 놀랍게도 테이블 밑에는 두 짝의 다른 구두가 있다는 사실이 발견되었다.

그렇다면 그것은 무엇을 의미하는가? 자기가 원하는 반응을 얻어내

기 위해 철저하게 미리 계산된 '음모'라는 것을 생각해 본 적이 있는
가?

4. 양보로 이길 수 있다.

실제로 전형적인 미국이나 유럽의 외교관들은 교착 상태에 빠져 있
을 때, 그것을 타개하기 위해 먼저 양보하는 경우가 많이 있다고 한다.

5. 데드라인Dead-line을 무시하라.

모든 것은 정시에 시작되겠지만, 지연은 끝이 없는 것처럼 보인다.
만일 당신이 어떤 것을 속히 처리하자고 요구한다면, 당신의 요구는 의
논될 것이고, 또 토론될 것이다.

심지어 그들은 예정했던 시간이 끝나가도 서둘지 않을 것이다. 왜냐
하면 모든 마감 시간은 협상의 산물임을 알고 있기 때문이다.

63 **전화로** 승부하는 5가지 포인트

"직접 만나서 협상하거나 대화는 잘하는데, 전화를 받을 때는 전혀 사업상 관계 없는 듯이 행동하는 사람을 볼 수가 있다. 이때 그는 커다란 사실을 간과하고 있는 것이다.
사업을 하는 사람에게 있어서 전화란 얼굴을 마주보고 하는 대화만큼이나 중요하다. 자칫 장난삼아 말을 던졌다가 큰 낭패를 보는 예도 적지 않기 때문이다."

당신이 전화상으로 거래를 하건, 사람을 만나서 거래를 하건간에 당신은 전화로 충분한 사전준비 작업을 할 수 있다. 어차피 전화는 현대 생활에서 가장 많이 사용하는 커뮤니케이션 수단이다. 그러므로 전화를 이제 적이 아니라, 아군이 되도록 만들어야 한다.

사업상·거래상·관계상 당신을 성공으로 이끌어 줄 다음의 전화 사용법을 익히라.

1. 전화는 받는 것이 아니라, 거는 것이라고 생각하라.

당신은 자신에게 불리한 전화들이 흔히 걸려온다는 사실을 알고 있을 것이다. 만일 어떤 사람이 당신에게 전화를 걸었는데, 당신이 미처 준비가 되지 않았다면 이런 식으로 말할 것이다.

"미안합니다. 지금 중요한 모임에 참석해야 하거든요. 그런데 벌써 시간이 늦었습니다. 제가 몇 시쯤 전화를 드리면 될까요?"

"지금 급한 일이 있어서요. 제가 다시 전화를 걸죠."

이렇게 말하면 당신은 전화를 수동적으로 받은 사람이 아니다. 그러고 나서 준비가 되었다면 다시 전화를 걸면 된다.

2. 계획하고 준비하는 자세를 가져라.

'계획을 하지 않는 것은 실패를 계획하는 것과 같다.'

행동하기 전에 당신이 원하는 결과를 생각하라. 그리고 전화 방문이 그것을 얻을 수 있는 최선의 방법인가를 재삼 확인하라.

전화를 걸기 전에 준비해야 할 다음 7가지의 사항을 숙지하고 있어야 한다.

① 중요한 요점들을 미리 종이에 적어둔다.

② 마음속으로 예행 연습을 해본다.

③ 적대적인 만남이라면 상대방의 전술을 감안한다.

④ 가능한 한 관련된 모든 사실들을 확보하라.

⑤ 세심한 준비에도 불구하고 통화 도중 얘기가 당신이 준비하지 않는 분야로 흘러가는 당신이 그 분야를 모르고 있음을 상대방에게 시인한다. 그런다고 상대로부터 경멸받지는 않는다.

⑥ 집중하라. 그리고 방해를 피한다. 말하면서 옆사람과 잡담을 한다던가 하면 안 된다. 사실과 정확한 수치들이 관련된 문제라면 계산기

라든가, 모든 참고 자료들을 곁에 둔다.

⑦ 합의된 내용을 요약해서 말해 준다. 그에 따라 완수해야 할 책임을 확인시켜 주는 것이다.

3. 불리하면 끊어라.

당신에게 모든 상황이 불리하게 돌아갈 경우는 적당한 핑계를 댄 후 전화를 끊어야 한다. 그렇다고 상대방의 체면을 손상시키라는 것은 아니다. 단, 예절을 갖추어 끊어라.

"전화를 주셔서 대단히 감사합니다. 아시다시피 저는 언제나 그 문제에 관해 생각하고 있습니다만……" (찰칵)

이런 식으로 말하면서 갑자기 전화를 끊으면 상대방은 절대로 당신이 전화를 끊었다고 생각하지 않는다. 전화 사정상 우연히 전화가 끊긴 걸로 생각하여 그는 다시 전화를 걸 것이다. 당신은 그 사이 잠깐 밖에 나갔다 오면 되는 것이다.

"잠깐 차에 가서 무엇을 가지고 오느라고요……."

그러면 당신은 준비할 시간을 가지게 될 것이고, 따라서 이 예기치 않은 방문자로부터 손해를 보지도 않을 것이다.

4. 상대방의 말을 경청한다.

효과적인 경청이란 단순히 상대방의 말을 듣는 것만을 의미하는 것이 아니다. 그것은 상대방이 하는 말의 의미를 잘 파악하는 것을 의미한다. 결국 의미는 단어에 있지 않고, 그것을 듣는 사람의 마음속에 있다는 얘기다.

당신이 말을 하는 동안에는 상대방의 말을 들을 수가 없다. 그러므로 듣는 것과 말하는 것의 비율을 잘 고려하면서, 필요하다면 잠시 침묵을 지키는 것도 좋다.

5. 합의 내용을 명문화한다.

구두로 한 계약은 문서화된 계약보다 효력이 없다. 통화시에 확인하게 된 문제라든가, 합의점이 있으면 반드시 메모된 내용을 확인해야 한다. 이렇게 하면 최소한 당신에게 불리한 경우는 생기지 않는다.